El Código Jesús

El Código Jesús

EL ENIGMA RESUELTO

Darío Silva-Silva

La misión de Editorial Vida es ser la compañía líder en comunicación cristiana que satisfaga las necesidades de las personas, con recursos cuyo contenido glorifique a Jesucristo y promueva principios bíblicos.

EL CÓDIGO JESÚS
Edición en español publicada por
Editorial Vida – 2007
Miami, Florida

© 2007 por Darío Silva-Silva

Edición: *Anna M. Sarduy*
Diseño interior y cubierta: *Grupo Nivel Uno, Inc.*

RESERVADOS TODOS LOS DERECHOS. A MENOS QUE SE INDIQUE LO CONTRARIO EL TEXTO BÍBLICO SE TOMÓ DE LA SANTA BIBLIA NUEVA VERSIÓN INTERNACIONAL.
© 1999 POR BÍBLICA INTERNACIONAL.

ISBN 978-0-8297-5134-5

Categoría: Vida cristiana / General

IMPRESO EN ESTADOS UNIDOS DE AMÉRICA
PRINTED IN THE UNITED STATES OF AMERICA

11 12 13 14 15 ❖ 8 7 6 5 4 3 2

> Si alguien me demostrara que Jesús
> no poseyó la verdad, entonces preferiría
> seguir con Jesús que con la verdad.
> —Fedor Dostoievski

> Hay que escoger: o este hombre fue,
> y es, el Hijo de Dios; o, de lo contrario,
> fue un loco o algo peor.
> —C. S. Lewis

> La iglesia ha tenido tanta dificultad
> en mostrar que Jesús fue hombre, en contra
> de quienes lo negaban, como en mostrar
> que fue Dios; y las probabilidades
> eran igualmente Grandes.
> —Blas Pascal

Dedicatoria

Amado Jesús:
He cargado este libro sobre mis hombros como una pequeña cruz personal, que hoy deposito sobre los tuyos en tu gran cruz universal.

Contenido

Dedicatoria 7

Agradecimientos 11

A manera de prólogo: El secreto del hombre
 del anotador. Por Dante Gebel 13

Advertencia
 Doble click 17

Primer E-mail
 El corazón de la clave es la clave del corazón ... 21

CLAVE 1: Una paloma sobre un cordero 27

CLAVE 2: De recaudador a tributario 35

CLAVE 3: El pescador pescado 43

CLAVE 4: Uno que es absolutamente otro 49

CLAVE 5: El Creador no es su creación 57

CLAVE 6: El asombro de Dios 65

CLAVE 7: Un *paparazzi* de Dios 73

CLAVE 8: ¿Tiene Dios una madre? 81

CLAVE 9: Espíritu saciado en cuerpo hambriento... 91
CLAVE 10: La muerte de la muerte 101
CLAVE 11: El altavoz del espíritu 111
CLAVE 12: La corona no hace al Rey 119
CLAVE 13: ¿Puede un hombre ser Dios?......... 129
CLAVE 14: ¿Quién es Jesús para Jesús? 139
CLAVE 15: Dios como hijo del hombre 151
CLAVE 16: El Proveedor es la misma provisión.... 161
CLAVE 17: Toda la luz en una lámpara.......... 169
CLAVE 18: Opio del pueblo o vid verdadera 179
CLAVE 19: La triple clave de Tomás 189
CLAVE 20: El Carpintero es la puerta........... 197
CLAVE 21: Dios no quiso ser soltero 207
CLAVE 22: La anatomía de Cristo 215
CLAVE 23: El crucigrama eterno 227
CLAVE 24: Ordenador de claves................ 235

Agradecimientos

A personas especiales, por motivos especiales:

Mi esposa Esther Lucía, hace veinticinco años me regaló en un solo paquete todas las claves de *El Código Jesús*.

Esteban Fernández, presidente de Editorial Vida: proporcionó el casillero de este libro para ordenar las claves.

Daniel Ardila Uribe, Fernando Guilarte, Juan Carlos Borrero, y David Alarcón, me auxiliaron en la investigación de pistas para las claves.

A manera de prólogo

El secreto del hombre del anotador

Por Dante Gebel

Hace mucho que no visitaba una iglesia de esas. Digo, de las del tipo que creía que ya no existían. Desde que arribé a Bogotá, supe que tenían algo distintivo, y ahora supongo que fue una sensación premonitoria. Ellos deben haberlo asumido como algo natural, pero no es normal que la gente haga fila a las seis de la mañana de un domingo para no quedarse afuera del servicio. Y tampoco es normal que el templo esté repleto, cada una de las tres reuniones de la mañana, hasta pasado el mediodía.

Las canciones son correctas, casi impecables, y proceden de un coro que viste un uniforme amable y discreto. Y de pronto, toma la palabra, en persona, Darío Silva-Silva. La multitud lo recibe con un aplauso cerrado. Lo aman hasta el hartazgo. El hombre está radicado hace un tiempo en Miami, pero la gente no lo ha olvidado, reconocen su voz, es su pastor. No hay mucho más para decir de Darío, que ya alguien no haya dicho.

En los intervalos de las reuniones me sentaré a escucharlo por horas. Es de esos hombres de quienes se puede aprender solo de verlo sonreír o moverse. Estoy consciente que debo aprovechar esos momentos, sentarme a sus pies y escuchar en silencio; el hombre destila sabiduría por sus poros. La unción le fluye a borbotones como algo casual.

Esther Lucía es otro caso singular. Luego de la reunión me mostrará casi con pudor el trabajo social que la ha popularizado entre los que menos tienen. Una multitud de niños se le agolpan, la apretujan, le roban besos. Detrás, emerge un gran galpón repleto de mercadería que repartirán a los que más necesitan. Quizá, entre muchas otras razones, este sea el secreto del porqué aman incondicionalmente a los Silva-Silva, ellos no solo predican, también hacen, se involucran.

Darío habla pausado, seguro. Menciona el aniversario de la iglesia y le canta casi a capela el «cumpleaños feliz» a la congregación. El público vuelve a aplaudirlo a rabiar. Después, se tomará un tiempo para mencionar que otro de los pastores de CASA SOBRE LA ROCA, Esteban Fernández, ha sido reconocido como uno de los diez mejores empresarios (en el puesto siete, para ser exactos) de uno de los «holding» mas importantes de los Estados Unidos, que nuclea a Fox, Harper Collins y Zondervan, entre otros. Esteban, quien es presidente de Editorial Vida, ha tomado ya los derechos para imprimir el nuevo libro de Darío, que se llamará *El Código Jesús*.

Luego, Darío se tomará un tiempo para presentarme como predicador invitado, en medio de una serie de elogios. Inmerecidos, claro está. Y ahora estoy parado ante la congregación de tres mil almas, si contamos esta sola reunión. Me pregunto qué tendrán Darío o Estherlú, para que esta gente agolpe el templo un domingo tan temprano. Y entonces lo veo.

Fue un segundo antes que comenzara a dar los saludos de rigor. Darío tomó un bolígrafo y un anotador. Ese enorme predicador, ese conferencista dotado para escribir libros aún mientras duerme, va a tomar nota de mi sermón.

Como si pudiese aprender de este novato. Como si aún pudiera descubrir algo de mi exposición, por encima de su brillante trayectoria.

En pocos minutos, no solo tomará nota, sino que también llorará y levantará las manos al final del mensaje. Por eso es que lo supe. El secreto de CASA SOBRE LA ROCA es la sencillez abrumadora de este hombre. Si alguien como Silva-Silva aún puede conmoverse con un mensaje de cualquier predicador, significa que todavía el Reino tiene un remanente que vale la pena descubrir. Pudo haberse ido a la oficina, como tantos otros. O atender otros asuntos, o simplemente poner la mente en blanco.

Pero Darío estuvo allí, en cada uno de mis tres sermones, aquella mañana. Nunca me sentí tan avergonzado por cuán torpe podía sonarle mi austero mensaje a un hombre así. Pero pocas veces en mi vida, me sentí tan honrado. Maradona vino a verme jugar al fútbol. Cortázar estaba leyendo detenidamente uno de mis libros. Gardel me oía cantar.

    Damas y caballeros, cuando pasen por la tierra del verdadero café no olviden pasear por La Candelaria, el sector mas antiguo y mítico de la ciudad de Bogotá. También tienen una cita obligada por la Plaza de Bolívar, que se erige en el mismo centro de la urbe. Pero si quieren conocer una gran iglesia, de aquellas que casi no abundan, deben pasar por CASA SOBRE LA ROCA. Pero recuerden llegar temprano, porque siempre habrá un gentío pugnando por entrar. Y no se sorprendan si el mismísimo pastor los recibe en persona para explicarles *El Código Jesús*.

Advertencia
Doble click

Escogí el título de este libro un poco contra mi propia voluntad por dos razones: Primera, es una osadía infantil pretender descifrar el misterio del Dios-Hombre a través de limitadas claves humanas; y segunda, el lector pudiera pensar que se trata de una respuesta a *El Código da Vinci*, obra que produjo un huracán —paralelo a 'Vilma' y 'Katrina'— dentro de la opinión pública; pero que a mí, personalmente, no logró quitarme el sueño. Mis contraventanas espirituales son fuertes, están bien instaladas y han soportado con éxito varias tormentas. La casa no cae si está sobre la Roca.

La intrahistoria del presente ensayo es muy sencilla: Una vez fui invitado por cierta popular cadena hispana de televisión de los Estados Unidos a participar en un panel de discusión sobre el mencionado libro de Dan Brown; y, sin vacilaciones, me negué a hacerlo porque no soy crítico literario, y se trata, en mi concepto, simplemente de una novela morbosa dirigida al voraz consumismo de la clase media intelectual.

Posteriormente, en un vuelo internacional, me llevé la sorpresa de que la película basada en aquel folletín, y que fracasó estruendosamente en Cannes, fuese transmitida mientras yo permanecía atado a mi silla, indefenso; y, francamente, me pareció irónico haber pagado mi boleto a una aerolínea que, de esta manera, engrosaba las arcas de un sucio negocio de blasfemos que ha pretendido mancillar el Nombre sagrado de mi Señor y Salvador. Con algo de rabia, me quité los audífonos de las orejas, tomé en mis manos la Biblia que siempre me acompaña; y, al abrirla, como si Dios quisiera responderme, mis ojos cayeron directamente sobre este versículo. «Jesucristo es el mismo ayer y hoy y por los siglos». (Hebreos 13:8)

Mi sermón de ese domingo se llamó, precisamente, *El Código Jesús*; y Esteban Fernández, presidente de Editorial Vida, quien lo escuchaba, me propuso convertirlo en libro. He sacado libros de mis sermones y, frecuentemente, saco sermones de mis libros; pero, en este caso, me metí en un gran lío, del cual quiero salir, si no airoso, al menos ileso. Y, si acaso termino descuartizado, espero que alguien misericordioso sea capaz de descifrar, después, el «Código Da Silva».

Uno de los atributos básicos de Dios es, pues, la invariabilidad, es decir, el hecho terminante de que El Ser en Sí no cambia; y, por eso, porque le es imposible negarse a sí mismo, yo puedo seguir confiando en él y en sus promesas aún en medio del putrefacto ambiente que el nuevo milenio ha generado alrededor del cristianismo. Más específicamente, lo que dice el autor de Hebreos —que Jesucristo es invariable, el mismo siempre, en todas las épocas— reafirma la convicción sencilla y directa que me ha sustentado por años: Jesucristo es Dios.

Durante el pasado siglo XX, la humanidad sufrió la epidemia intelectual de una supuesta humanización que produjo el efecto contrario: una completa deshumanización. A través de cien años, pudo observarse un gran esfuerzo de las tinieblas por opacar y ocultar la luz de la verdad, y la fe en Dios fue objeto de improperios, con Jesucristo como blanco favorito de ese frontal ataque. Pero, como lo dijera Paul Jonson, «Al terminar la primera centuria que se creía totalmente atea, Dios sigue disfrutando de buena salud y, sin dudas, el próximo siglo será el suyo».

Para sorpresa de muchos, en la apertura misma del tercer milenio, ya en marcha irreversible la llamada posmodernidad, permanece abierta una pregunta —mejor dicho, LA pregunta— de continua vigencia a través de los tiempos: ¿Quién es Jesús?

Nadie escapará de contestar esa pregunta, aquí o cuando esté frente al Interrogador Eterno, quien no la formulará en forma genérica sino personal: ¿Quién es Jesús para ti? Tal vez nos ayude a salir de tan terrible compromiso un breve análisis de lo que pensaron y dijeron sobre Jesús algunos personajes bíblicos y extra-bíblicos, cristianos y no cristianos, cuyas respuestas iremos interpolando en este ensayo como quien arma el «cubo de Rubik» del misterio revelado en la persona del Dios-Hombre.

Primer E-mail

El corazón de la clave es la clave del corazón

De: Alguien
Para: Habitantes de la Aldea Global
Fecha: Tercer milenio-Siglo XXI
Asunto: Del criptograma al Cristograma

Jesucristo es la figura cumbre de la humanidad. Sobre Él se han producido inscripciones, papiros y pergaminos, libros y libretos, jeroglíficos, folletines, grafitis, guiones, panfletos, tratados, anagramas, acrósticos, obras literarias, plásticas y musicales; pinturas y esculturas, fotografías, películas, conferencias, foros, encuestas, talleres, seminarios, clases, ensayos, videos, novelas, poemas, sermones, noticias, columnas, *comics*, adivinanzas, apólogos, fábulas, parábolas, ideologías, filosofías, teologías, dramas, comedias, sainetes, ensayos, cuentos, crucigramas, partituras, óperas, sinfonías, conciertos, ballets, transmisiones radiales y televisadas, páginas de Internet, y cuanta obra del ingenio humano sea posible —y se producirán todas las futuras imaginables— más que sobre cualquier otro personaje de la historia de cualquier profesión, etnia o nacionalidad, en cualquier época. Y, entonces, ¿para qué algo más? ¿No se ha dicho ya lo suficiente?

El tema Jesús es inagotable; y, cuanto más uno se esfuerza por profundizarlo, menos se acerca a su totalidad. Él sigue siendo siempre El Gran Quién Sabe. La razón es sencilla: la vasija no discierne al alfarero que la forma, el pan no percibe al panadero que lo amasa y hornea, la flor no puede definir a quien le da color y aroma, el pájaro no alcanza a describir a quien lo hace cantar y volar, ni el burro puede comprender a quien lo monta. Pero, como lo dijera el relativista poeta español:

> En este mundo traidor
> nada es verdad ni es mentira,
> pues todo tiene el color
> del cristal con que se mira.

Y, así, Jesús ha sido fragmentado por los torpes esfuerzos humanos que pretendieron definirlo. Ejemplo objetivo de ello es el descuartizamiento al que algunos lo someten para adorarlo por partes anatómicas de su cuerpo: el divino rostro, el sagrado corazón, la mano poderosa, etc. Y, también, por características de su personalidad o etapas de su vida: el Señor de los Milagros, el Señor Caído, el Resucitado, el Divino Niño y tantas otras. E, igualmente, por criterios ideológicos: un revolucionario o un pro-capitalista, un demócrata o un autoritario, un anarquista o un planificador.

Nuestro tiempo —frontera de los siglos veinte y veintiuno, cruce de los milenios segundo y tercero, ocaso de la era modernista y amanecer de la posmodernidad— es solo una vuelta al pasado. El colosal avance científico, tecnológico, político y económico acumulado por ese ser al que Desmond Morris definió como «El Mono Desnudo», ha alejado a este de sí mismo.

«La Incógnita del Hombre», que planteara Alexis Carrel hace ya casi un siglo, sigue sin resolverse; y, bien por el contrario, cada día se multiplican las preguntas sin respuestas en la que este sensible pensador francoamericano llamó «Ciudad Nueva». Hay en ella tantas religiones como habitantes, pues cada ser humano es un jeroglífico individual sin descifrarse, y casi nadie intenta, como Teilhard de Chardin, «hacer coincidir mi pequeña religión personal con la gran religión de Jesús».

En contexto amplio, el mundo actual es «un acertijo dentro de un enigma envuelto en un misterio», como dijera Winston Churchill sobre la vieja Unión Soviética. ¡Ojalá sea tan efímero como ella!

Hay profusión y difusión que solo producen confusión donde se necesita fusión. A partir de la desintegración atómica propiciada por Albert Einstein, todo se ha atomizado: la política, la filosofía, el arte, la ciencia, la religión. Las novias son maniquíes para armar sobre medidas a base de liposucción y silicona; el matrimonio, solo un artículo desechable de la sociedad de consumo. Ritmos epilépticos han desmembrado la anatomía del pentagrama; este parece más *petra-grama*, pues la música es ruido, ya no concierto sino desconcierto de golpes manuales y gruñidos guturales cavernícolas.

La antigua profesión del profeta es suplantada por la del astrólogo, el canalizador, el taumaturgo, el gurú de la llamada 'nueva era' que —como lo he dicho tantas veces— ni es era ni es nueva, sino solo la era que no era. ¿Y qué de la iglesia cristiana? En templos que son cuevas de ladrones se predica la teología del rey Midas que todo lo que toca lo convierte en oro y abundan las *«cristotecas»* donde se rinde culto al dios de la música. «Aldea Global» —la afortunada definición de Marshall Mc Luhann para nuestro doméstico planeta— ha llegado a ser solo un nuevo nombre de la vieja Sodoma.

Aún sobreviven algunos códigos: el Decálogo, la Ley de Dios, sigue siendo —será por siempre— el derecho natural. Hay códigos personales ineludibles: la cédula de ciudadanía, el número del seguro social, la identificación tributaria, la licencia de conducción, la cuenta bancaria; y, en medio de todo ello, ese código infalsificable de la personalidad que son las huellas dactilares.

Hay sociedades secretas —los masones, por ejemplo— que mantienen sus contraseñas: el código táctil identifica el apretón de manos, el verbal se susurra en la oreja, el de golpes abre la puerta de la logia, el ortográfico reemplaza letras y palabras por signos en la escritura. Las pandillas de delincuentes últimamente llamadas *maras* poseen también códigos secretos que se transmiten escritos a través de los grafitis, cantados por medio del *rapeo*, grabados indelebles en la piel con los tatuajes, etc. Los servicios de inteligencia reinventan alfabetos cifrados para despistar al enemigo. El código postal se multiplica día por día. Una iconografía identificable a simple vista sirve para organizar el tránsito humano y vehicular. Prácticamente cada profesión y cada comunidad codifican sus propias regulaciones. Hasta mi perrita Dulcinea ha ingeniado un código a través del cual se hace entender a la perfección.

Sin embargo, ya son simples historietas para niños algunos códigos tradicionales: el de luces intermitentes de los faros marítimos, el telegráfico de puntos y rayas de Morse y el de sonidos cifrados de Marconi, han pasado a buen retiro como antigüedades de museo, junto a las señales de humo y el tam-tam de los tambores africanos.

(Querido lector: si quieres continuar, por favor ingresa tu PIN…)

El código cristiano de valores, la espina dorsal que ha sostenido la civilización durante veinte siglos, sufre de escoliosis. El ciberespacio espiritual está plagado de virus y su gran portal se llama WWW.CAOS.COM. Los mitos paganos experimentan una nueva metamorfosis. Hay un regreso a la cábala, y se ha puesto de moda la interpretación de códigos misteriosos: Algunos son científicos, como el Código del Genoma Humano; o de sana motivación cristiana como el *Código del campeón* de Dante Gebel; otros glamorosos, como el «código secreto de la mujer» de Giorgio Armani. Existen los eróticos, como el Kamasutra, «código del amor hindú»; y, también, los apocalípticos, como el «código de barras» que es, para algunos, la marca de la Bestia. Finalmente, abundan los supersticiosos, como el Código Secreto de la Biblia, el propio Código da Vinci, y no pocos más.

Pero hay un icono eterno: la cruz, inconmovible sobre la cumbre del mundo, como la gran incógnita que unos quieren resolver y otros disolver. En esa encrucijada, he intentado recoger algunas claves para descifrar *El Código Jesús* como la gran solución de todos los enigmas.

Sin embargo, debo dejar en claro que el «rompecabezas» espiritual llamado Jesucristo no se resuelve propiamente a través de esfuerzos intelectuales; estos, por el contrario, solo contribuyen a agravar el caos si no se acepta desde el principio, con actitud humilde, que la pieza fundamental, la que ensambla todo el conjunto, es el corazón humano que no requiere raciocinios porque su clave es el amor.

Y ahora, PASSWORD.

Clave 1

Una paloma sobre un cordero

Si la plenitud del Espíritu es emocional, también es intelectual.
—Donald Gee

«Al día siguiente Juan vio a Jesús que se acercaba a él, y dijo: "¡Aquí tienen al Cordero de Dios, que quita el pecado del mundo! De éste hablaba yo cuando dije: 'Después de mí viene un hombre que es superior a mí, porque existía antes que yo"». (Juan 1:29,30)

Relatos bíblicos e histórico-culturales describen a Juan el Bautista como un buen salvaje, alejado de una sociedad corrupta a la que miraba con recelo.

Era miembro de la secta de los esenios, remotos antepasados de la Reforma que se independizaron del clero corrupto y la religión oficial para buscar a Dios fuera del templo, en contacto con la naturaleza, lejos de los formalismos rituales y en un ámbito favorable a lo espiritual. ¡Ganas dan hoy de hacer lo mismo!

Juan es un personaje-lindero, último retén del Antiguo Testamento y primera aduana del Nuevo. Permanece parado, en actitud hierática, sobre una gran página de la historia, con el pie izquierdo anclado en la Ley, y el derecho en la Gracia, como en una parálisis del tiempo.

Por eso, marca un severo contraste con el Hombre que viene a pedirle que lo bautice; quien es, dicho sea de paso, su primo, y lo ha calificado sin rodeos como «el más grande de los nacidos de mujer», aunque él es apenas «una voz que clama en el desierto».

Juan es la versión rústica de Elías: viste cueros sin curtir de animales salvajes, se nutre de insectos crudos y panales silvestres, y levanta una muralla invisible pero impenetrable entre él y la gente. Dicho con claridad: él es la muralla. Jesús es lo contrario del anacoreta: hombre sociable por excelencia, viste un fino manto inconsútil; concurre a bodas, *parties* y banquetes; se mezcla con la gente, juega con los niños, practica el arte de la conversación, tiende puentes entre él y las otras personas. Mejor dicho: Él es el puente. Juan es antipatía, Jesús es empatía. Ambos sufrirán la pena capital: el uno por decapitación, el Otro por crucifixión. Y, dicho sea de paso, ambos «culpables de ser inocentes», como diría varios siglos después, aunque no en referencia a ellos, otro judío extravagante llamado Franz Kafka.

Cuando los dos personajes se encuentran en este episodio, termina el a.C, y comienza el d.C. Dicho claramente, el río Jordán es no solo una frontera física, fluvial, geográfica y nacional, sino una verdadera frontera espiritual, donde se produce una sincronía eterna en la cual Juan, definitivamente de espaldas al pasado, mira a Jesús en el futuro; y Jesús, transitoriamente de espaldas al futuro, mira a Juan en el presente.

¿Por qué Juan llama a Jesús "el cordero"? Veamos: este animal sumiso y manso fue utilizado desde antiguo, en el rito judío, como sustituto de los pecadores. Aún hoy se habla del "chivo expiatorio" cuando alguien inocente termina pagando lo que otro, culpable, debía. Al cordero se lo sacrificaba en el ara, colocando sobre él las manos contaminadas del ser humano para así transferirle los pecados del pueblo.

De ahí que Isaías, el profeta mesiánico por excelencia, viera a Jesús, setecientos años antes del Calvario, como «cordero llevado al matadero» (Isaías 53:7) y que, por el sacrificio de sí mismo, hizo posible la expiación de los pecados. A este respecto, Sigmund Freud señala a San Pablo como «un agitador religioso-político» que separó de la judía la religión cristiana: «Pablo, un judío romano de Tarso, hizo suyo el sentido de la culpa y lo hizo retrogradar justamente a sus primitivos orígenes históricos. Lo denominó 'pecado original' y era un crimen contra Dios que solo podía pagarse con la muerte».[1]

Con su mente típicamente racionalista, de simio darwiniano evolucionado, el psicoanalista vienés no puede comprender el misterio de la redención planteado en el evangelio que Pablo anunciaba, porque el hombre natural —en griego, exactamente, *psíquico*— no entiende las cosas del Espíritu de Dios, que para él son locura, según el propio 'psicoanalizado' lo declara. No es la primera vez que el paciente echado en el diván es el cuerdo, y su psiquiatra, el loco. Habla el analista: «Un hijo de Dios, inocente, se había sacrificado para tomar sobre sí la culpa de todos. La suposición de que el redentor se había sacrificado siendo inocente es, sin duda, una desfiguración tendenciosa dentro de la lógica. De este modo se creó la suposición de excepción, el sustituto, que representa al Padre desaparecido de la comunidad».[2]

Como quiera que sea, el ideal del sustituto viene incorporado misteriosa e instintivamente en la memoria ancestral; y nadie fuera del cristianismo, ni aún el erudito doctor Freud, ha sido capaz de aclararnos el por qué. Los antepasados mismos de este moderno judío austriaco anticiparon la imagen de la sustitución en sus sacrificios de «chivos expiatorios» a través de siglos y milenios.

---

1. Sigmund Freud, *Moisés y la religión monoteísta*, Editorial Losada S.A. Argentina 1945 p.100
2. Ibidem.

El propio padre del psicoanálisis no pudo explicar cómo un animal indefenso, el cordero pascual, era la propiciación por los pecados de su pueblo; y, más significativo aún, por qué razón los sacrificios animales se suspendieron radicalmente en la religión judía después del sacrificio definitivo de Jesús, «el Cordero de Dios que quita el pecado del mundo». (Juan 1:29)

Resulta significativo que la crítica en general le atribuya al gran poeta latino Virgilio un perfil pre-cristiano por su premonitoria narración de un cordero sacrificial y casi proféticas descripciones sobre una nueva época espiritual y el carácter de su gestor, alguien asombrosamente similar a Jesús. Jacques Perret, al analizar «el nuevo siglo» anunciado en la *Eneida*, afirma: «En cuanto a lo demás sobre la esperanza o sobre presentimientos virgilianos, algunos años más tarde, hacia la mitad del siglo que iba a empezar, se haría cargo de ello un humilde desconocido, pronto conocido en todas partes (Jesús), del que se pensaría un día que quizá le habían anunciado Virgilio y las Sibilas: *ille deum vitam accipiet...*»[3]

El propio comentarista francés afirma que Virgilio es «entre las religiones y el cristianismo, el hombre del punto de unión de los tiempos». ¿Es, entonces, Publio Virgilio Maron una especie de Juan Bautista pagano? No gratuitamente Dante lo designó como el *cicerone* de su gira sobrenatural en la *Divina Comedia*.

---

3. Jacques Perret, *Virgilio*, Nuevo Larouse, Tomo 2, p. 13112, Plaza y Janés S.A. 1982

Por sobre toda otra consideración, el cordero es un símbolo de humildad; y, en ese orden de ideas, ¿quién más humilde que Aquel que, siendo el Supremo, se hizo el menor de los menores por amor? Como lo ha expresado concretamente Andrew Murray: «La humildad de Cristo es nuestra salvación. En otras palabras, el secreto de su exaltación al trono es éste: que se humilló ante Dios y el hombre». «Ahora miramos al trono, y ¿qué vemos? A un Cordero de pie, que fue inmolado (aún en la gloria, es todavía el Cordero de Dios manso y humilde). Cantamos la alabanza del Cordero y depositamos nuestra confianza en su sangre».[4]

Por cierto, hay una clave antigua sobre el tema, que es un *rema*: cuando Abraham se apresta a sacrificar a su hijo como humeante ofrenda de fe, realiza una acción profética sobre lo que haría el Padre Celestial, milenios después, con su Hijo Jesús en el Calvario. Y nótese que el patriarca no se vio obligado a ofrendar a Isaac porque Dios mismo proveyó un animal sustituto.

«Abraham alzó la vista y, en un matorral, vio un carnero enredado por los cuernos. Fue entonces, tomó el carnero y lo ofreció como holocausto, en lugar de su hijo. A ese sitio Abraham le puso por nombre: «El Señor provee». Por eso hasta el día de hoy se dice: «En un monte provee el Señor». (Génesis 22:13,14)

Los dioses falsos exigían —y siguen exigiendo— sacrificios humanos. Moloc, el ídolo abominable de los

---

4. Magdalena Troncoso, Lo mejor de Andrew Murray, Tomo 2, *Grandes autores de la fe*, Editorial Clie, Terrasa, Barcelonaca, 2004.

sidonios, se hace hoy sacrificar vidas humanas incipientes a través de ritos macabros como el aborto y el holocausto de embriones para producir 'células madres'.

De mala fe, más que por ignorancia, algunos han pretendido mostrar el fracasado intento del sacrificio de Isaac por parte de Abraham como una ilustración de que el Yavéh de los judíos era un Dios cruel; cuando, precisamente, este episodio bíblico lo que muestra bien a las claras es que Dios, después de probar la obediencia del padre de la fe, impide que Isaac sea degollado y, desde luego, provee y acepta el animal suplente.

Al margen de todas estas consideraciones, en el bautismo de Jesús hay otro aspecto que no puede pasarse por alto: «Juan declaró: "Vi al Espíritu descender del cielo como una paloma y permanecer sobre él"». (Juan 1:32)

La paloma es el animal que Noé envía a inspeccionar la tierra después del diluvio. En su primer viaje mensajero, la avecilla vuelve al arca con una ramita de olivo en el pico; y el olivo es, no solo símbolo de la paz —como Picasso la pintó modernamente sobre el lienzo—, sino que produce el aceite de la santa unción, que es propiamente el Espíritu Santo.

Resulta curioso que la paloma del diluvio, al ser enviada por segunda vez, nunca más regrese a Noé. (Génesis 8:12) Ahora lo entendemos: ella voló incesante e infatigablemente durante décadas, siglos y milenios, por encima de épocas históricas, civilizaciones, imperios, sistemas religiosos, filosóficos, militares y políticos, sin encontrar a nadie que fuera digno de posarse sobre él. Pero aquel día, cuando Jesús sube de las aguas del Jordán en las que Juan lo ha sumergido, concluye felizmente el incesante vuelo de la Paloma y ella se posa sobre el Cordero. Por eso, lleno de asombro, el *hippie* esenio declara sin rodeos: «Yo mismo no lo conocía, pero el que me envió a bautizar con agua me dijo: Aquél sobre quien veas que el Espíritu desciende y permanece, es el que bautiza con el Espíritu Santo». (Juan 1:33)

El Cordero y la Paloma posan entonces para una foto eterna en la cual el Hijo y el Espíritu están unidos bajo la voz del Padre, y el Bautista reconoce abiertamente que Jesús es quien bautiza en el Espíritu Santo. Esa es la clave.

El más grande de los nacidos de mujer, aquel insocial que vestía cueros sin curtir de animales salvajes y chupaba panales de miel silvestre y chapulines como almuerzo, encuentra finalmente al objeto propio de su predicación y entiende, sin que nadie se lo explique, que el Bautizado es el mismo bautismo y el agua misma que bautiza. Bautizado, agua y bautismo son una trinidad en la sola persona del Dios-Hombre.

Clave 2

DE RECAUDADOR A TRIBUTARIO

En Jesús una persona viva
reemplaza a la Ley.
—UN MONJE DE LA IGLESIA
DE ORIENTE

«Al irse de allí, Jesús vio a un hombre llamado Mateo, sentado a la mesa de recaudación de impuestos. "Sígueme", le dijo. Mateo se levantó y lo siguió». (Mateo 9:9)

En todas las épocas y bajo todos los sistemas de gobierno los funcionarios encargados de recaudar los impuestos son mirados con recelo por la población en general, pues no sólo nos quitan la plata sino que suelen hacerlo por medios coercitivos. En los territorios ocupados por el Imperio Romano había funcionarios directos encargados de esa ingrata tarea, a cuyas órdenes trabajaban alcabaleros locales que hacían la recolección directa.

Hace alrededor de dos mil años, en la Tierra Santa, los publicanos, recaudadores de impuestos, eran odiados por la gente porque le sacaban el billete a sus compatriotas judíos para dárselo al Imperio gentil que los había invadido. Estos personajes constituían una auténtica mafia y ganaban fuertes sumas de dinero con las participaciones que en Argentina llaman *coimas,* en México *mordidas* y en Colombia *serruchos.*

Los 'publicanos' se veían a menudo excluidos socialmente de la población y de las prácticas religiosas judías; y sus familias y amistades eran, también, discriminadas. Sin embargo, Jesús colocó al mismo nivel a los funcionarios de rentas y a los religiosos legalistas; y, con mucha frecuencia, los mencionaba a dúo como si unos y otros —publicanos y fariseos— estuvieran tocando la misma melodía aunque con diferentes instrumentos.

Mateo, quien es un hombre próspero debido a aquel gran negocio, está sentado en una especie de oficina callejera, recaudando el dinero para los romanos y para su propia bolsa, cuando pasa Jesús y le dice una sola palabra: «Sígueme». Causa impacto observar que el hombre no vacila un solo instante, sino, de inmediato, deja tirados a la intemperie sus elementos de trabajo: la caja fuerte, los cheques, los billetes, las facturas, los recibos y los libros de contabilidad, y se va detrás del Señor.

De esta manera, pasó de recaudador de Tiberio a tributario de Cristo. Para Mateo, dicho claramente, Jesús es alguien a quien seguir sin vacilar. Esa es la clave.

¿Será verdad que a varias personas les ocurría lo mismo? ¿Era el Nazareno en verdad irresistible y causaba fascinación entre quienes entraban en contacto con su personalidad magnética? Se conserva copia de una supuesta carta enviada al emperador por el procurador romano Publio Centulio, antecesor de Poncio Pilato en tierras de Judea, en la cual se leen cosas sorprendentes: «Como tú, Oh César, me lo has pedido más de una vez que te escriba acerca de un tal Jesús, te lo describo brevemente: hombre de mediana estatura, nariz regular, tez canela nuez, usa sus cabellos de estilo nazareo, vestido con una túnica blanca. Se hace acompañar de un grupo de pescadores y, cuando la gente le ve venir de lejos se burla de él, pero, cuando lo tienen cara a cara, nadie se atreve a burlarse de él. Se dice que nunca se lo ha visto reír, pero siempre se lo ha visto llorando. Tiene la mirada como un rayo de luz y, cuando uno se le queda viendo, necesariamente siente el deseo de amarlo. Dicen que nunca antes en la historia de Israel un hombre ha hablado como él».

Lamentablemente, tal carta es una falsificación elaborada en 1514 por alguien que quiso hacer un trabajo para Dios con un método del diablo. Una fotografía de Jesús, si la tuviéramos, lo mostraría muy diferente al joven ario que nos hemos habituado a ver en el magistral lienzo de Hollbein. Aunque su atractivo físico no está en discusión, racialmente no era indo-europeo, ni siquiera semita cien por ciento; por sus venas corrían algunas sangres 'impuras': cananea por Rajab, moabita por Rut, hitita por Betsabé, tres no muy distinguidas antepasadas suyas.

Independientemente de su aspecto exterior, Jesús era un auténtico fenómeno de masas, pero muchos individuos se negaron a seguirlo, como hoy mismo sucede, pues son más bien escasos los Mateos en el conjunto de la sociedad humana. En general, la gente prefiere quedarse apegada a los negocios, cierra sus oídos a la invitación de Jesús y lo deja pasar de largo.

Mateo no es, pues, un estereotipo; no existe algo así como un 'Mateo corporativo'. Con todo, hay que decir que, por su actitud de franco despojo ante la invitación del Divino Transeúnte, el antiguo hombre de las *coimas,* las *mordidas* y los *serruchos* llegó a ser uno de los apóstoles de Cristo y redactor del primero de los evangelios.

En tiempos de la *cosa nostra,* ¿qué habría comentado el 'Chicago Tribune' si, demos por caso, el eminente teólogo Reinhold Nieburhn hubiese cenado alguna vez en la mansión de Al Capone? No se pase por alto, entonces, que Jesús visitó en la ciudad de Jericó al pequeño Zaqueo, precisamente *capo* de la mafia impositiva, cuando este tuvo la feliz idea de abrirle de par en par las puertas de su casa (Lucas 19); y, no en balde, dijo francamente que los recaudadores de impuestos y las prostitutas irán delante de muchos aparentemente honorables al Reino de Dios, porque se arrepintieron.

«...Jesús les dijo: —les aseguro que los recaudadores de impuestos y las prostitutas van delante de ustedes hacia el reino de Dios. Porque Juan fue enviado a ustedes a señalarles el camino de la justicia, y no le creyeron, pero los recaudadores de impuestos y las prostitutas sí le creyeron. E incluso después de ver esto, ustedes no se arrepintieron para creerle». (Mateo 21:31,32)

También se convirtieron, finalmente, algunos fariseos. No podemos dejar por fuera del cielo, por ejemplo, al sanguinario organizador de las bandas de sicarios y terroristas religiosos que masacraron a los primeros cristianos, y a quien el Señor en persona le hizo un secuestro en el camino de Damasco. Es nuestro admirado apóstol Pablo, de quien recibimos claves maravillosas para descifrar el sagrado código que nos ocupa.

El ciudadano de Tarso es un caso histórico reconocido; hay, sin embargo, otros menos divulgados pero también reales. Richard Wurmbrandt afirma, por ejemplo, que Lenin había sentido la influencia cristiana a través del sacerdote ortodoxo Gapón, quien murió ahorcado por los comunistas, y transcribe la nota publicada por «Nauka Ireligia», revista atea de la Unión Soviética, en diciembre de 1973: «Lenin mostró gran interés en los escritos de cristianos sectarios, coleccionados por un camarada comunista, especialmente en los manuscritos antiguos. Los estudió cuidadosamente. Estaba interesado especialmente en sus escritos filosóficos. Después de leer sus manuscritos cuidadosamente dijo: ¡Qué interesante! Esto fue creado por gente sencilla. ¡Libros enteros!»[5]

El mismo autor hace una revelación que ha sido poco amplificada por la sencilla razón de que favorece la visión cristiana de la sociedad, que es justicia social a través del amor al prójimo. Últimamente se ha puesto de moda pasar por alto cualquier comentario favorable al cristianismo, como este: «Lenin dijo a un sacerdote antes de su muerte: 'He errado'. Sin duda era una buena causa liberar a los oprimidos de Rusia, pero nuestro método ha provocado otras opresiones y masacres horribles. Mi quebranto mortal es ser sumergido en un océano de sangre de innumerables víctimas. Es demasiado tarde para volver atrás, pero para salvar a Rusia solo hubiésemos necesitado diez Franciscos de Asís».[6]

Dicho sea de paso, la historia universal ha conocido pocos recaudadores de impuestos tan acuciosos como Lenin. Hay que decir, por supuesto, que los tributos son necesarios para la marcha de la sociedad; que en los estados democráticos serios se ejercen controles adecuados y, en general, los recursos son correctamente empleados. Pablo deja las cosas claras al respecto: «Así que es necesario someterse a las autoridades, no sólo para evitar el castigo sino también por razones de conciencia. Por eso mismo pagan ustedes impuestos, pues las autoridades

---

5. Richardt Wurmbrandt, *Alcanzando las alturas*, Living Sacrifice Book, 1989 p. 273.
6. Ibidem.

están al servicio de Dios, dedicadas precisamente a gobernar». (Romanos 13:5,6)

Jesús fue criticado con frecuencia por asistir a banquetes con *personas non gratas*. En verdad, el cielo está lleno de prostitutas y publicanos arrepentidos; el infierno, en cambio, de damas y caballeros que nunca adulteraron ni robaron, pero tuvieron un orgullo tan grande que nunca se pusieron de rodillas para pedirle a Dios perdón por sus pecados. A Jesús le siguen gustando las malas compañías. Me consta de manera personal.

Clave 3

El pescador pescado

> ¿Quién es en definitiva Dios
> que se ha entregado a los hombres
> por medio de Jesús?
> —Virgilio Zea

«Cuando llegó a la región de Cesarea de Filipo, Jesús preguntó a sus discípulos: —¿Quién dice la gente que es el Hijo del hombre? Le respondieron: —Unos dicen que es Juan el Bautista, otros que Elías, y otros que Jeremías o uno de los profetas. —Y ustedes, ¿quién dicen que soy yo? —Tú eres el Cristo, el Hijo del Dios viviente —afirmó Simón Pedro». (Mateo 16:13-16)

Simón el pescador, guiado por el Espíritu Santo, hace aquí una declaración de fe que la iglesia romana ha utilizado arbitrariamente para afirmar que sobre este apóstol se edificó la iglesia. El tema ha sido ampliamente discutido y no vale la pena tocarlo una vez más en profundidad. Hagamos solo una breve mención.

San Agustín es llamado por Stefan Zweig «el más sabio de los santos y el más santo de los sabios»; y fue precisamente el pensador de Hipona quien aclaró que el sentido original del pasaje no dice que la iglesia se edifica *super Petrum*, que significaría sobre Pedro, sino *super petram*, es decir, sobre la declaración que Pedro ha hecho. En su Historia del Cristianismo, Paul Johnson —quien se declaró católico hace algunos años— hizo esta afirmación típica de su estilo: «Pedro fue una piedra muy insegura sobre la cual fundar una iglesia. No ejerció las atribuciones de la jefatura, y parece que permitió que lo desposeyeran Santiago y otros miembros de la familia de Jesús, que no habían intervenido en la misión original».[7]

No sobra recordar que el propio apóstol —un pescador que ha sido pescado— se dirige a todos los creyentes y les dice: «también ustedes son como piedras vivas con las cuales se está edificando una casa espiritual» (1 Pedro 2:5ª) Él es, pues, el primero en ser llamado «piedra viva» por haber sido el primero en hacer la declaración de fe que convierte en *Pedros* a todos los creyentes.

Los miembros de la iglesia, en realidad, somos un 'Pedro corporativo'. Es por eso que, con frecuencia, al igual que el ciclotímico pescador de Galilea, pasamos de una euforia heroica que nos capacita para morir por

---

7. Paul Johnson, *Historia del cristianismo*, Vergara Editor, S.A, Buenos Aires, 1989.

Jesús (Mateo 26:35) a una depresiva cobardía que nos lleva a negarlo con juramento y maldición (v. 74).

Tal fue el caso de los gestores de la izquierda hegeliana, acaudillada por Ludwig Feuerbach, una legión de 'pedros' sentados cómodamente alrededor del fuego que calienta a los enemigos de Jesús. «Pero luego, cuando encendieron una fogata en medio del patio y se sentaron alrededor, Pedro se les unió». (Lucas 22:55)

Allí estuvo, entre varios otros, David Federico Strauss. Su libro *Vida de Jesús*, es el gran culpable de la apostasía de un niño cristiano, hijo de pastor, llamado Federico Nietzsche. Según relata Deussen, su íntimo amigo, después de leer esa obra, el filósofo nihilista quedó definitivamente perturbado, hasta el punto de exclamar: «La cosa tiene una seria consecuencia: si abandonas a Cristo, tienes que abandonar también a Dios».[8]

Por su parte, el médico y filántropo Albert Schweitzer, en su obra *La Búsqueda del Jesús Histórico*, llegó a una lamentable conclusión, que ha confundido a muchas almas, precisamente porque el autor que la anunciaba a bombos y platillos se auto-proclamaba cristiano y ejercía como ministro protestante: «Él (Jesús) es un personaje diseñado por el racionalismo, dotado de vida por el liberalismo y vestido por la teología moderna con una vestidura histórica».

No se sabe que Schweitzer, o algún otro de los que se decían cristianos de tan nutrido grupo, llorara

---

8. Diccionario de *Etica y Filosofía Moral*, Tomo 1, Fondo de Cultura Económica, México 2001.

amargamente al oír cantar al gallo, como sí lo hizo Pedro en su momento. (Mateo 26:75). Probablemente tenían oídos y no oyeron, pues eran sordos espirituales. En cuanto al heraldo de Zaratustra, está confirmado que murió en un manicomio y se dice que pedía a gritos la presencia de un pastor.

Hay una psicopatía que Pablo define como «locura de la cruz» y «locura de la predicación» que afecta «a los que se pierden», un desequilibrio mental irremediable: «Me explico: El mensaje de la cruz es una locura para los que se pierden; en cambio, para los que se salvan, es decir, para nosotros, este mensaje es el poder de Dios. Pues está escrito: "Destruiré la sabiduría de los sabios; frustraré la inteligencia de los inteligentes. ¿Dónde está el sabio? ¿Dónde el erudito? ¿Dónde el filósofo de esta época? ¿No ha convertido Dios en locura la sabiduría de este mundo? Ya que Dios, en su sabio designio, dispuso que el mundo no lo conociera mediante la sabiduría humana, tuvo a bien salvar, mediante la locura de la predicación, a los que creen». (1 Corintios 1:18-21)

No hay constancia de que Nietzsche llorara alguna vez. Los locos son, más bien, dados a la risa, no es usual que lloren; y, cuando lloran, no saben por qué lo hacen. Puede afirmarse que Nietzsche no redactó *El Anticristo*, sino que el anticristo redactó a Nietzsche. En todo caso, como este conocido humanista ateo lo comprueba, es una locura negar a Jesucristo. La locura eterna que llamamos infierno. Aunque espero que el nihilista no haya ido allí.

De regreso al tema que nos ocupa, obsérvese que, en este episodio, Jesús pregunta primero:

—¿Quién dice la gente que soy yo?

Y recibe diversas respuestas, todas igualmente erróneas, como sucede hoy en día; pero, de inmediato, él va al punto:

—Y ustedes, ¿quién dicen que soy yo?

Ante el tremendo impacto de su pregunta, todos los 'ustedes' —que hoy somos los 'nosotros'— callan —callamos—; menos uno, que rápidamente da la respuesta correcta. (En medio del tumulto posmoderno, ¿cuántos *pedros* estarán por ahí esperando a que alguien les lance la gran pregunta para contestarla de inmediato?)

Si uno hiciera un esfuerzo esencialista por comprimir la teología de Karl Barth, tendría que meter todo lo mucho y bueno que el pensador suizo-germano produjo, empezando por su voluminosa Dogmática, en este simple enunciado: Hay preguntas de Dios que reclaman respuestas del hombre. Más esencialista aún: Hay UNA pregunta de Dios que reclama UNA respuesta del hombre. Más preciso todavía: LA pregunta de Dios reclama LA respuesta del hombre.

Por desdicha, aunque la pregunta de Dios es una sola, el hombre le ha dado varias respuestas, y las varias respuestas generan continuamente nuevas preguntas en un interminable proceso dialéctico del hombre consigo mismo, no porque Dios haga muchas preguntas, sino porque el hombre le da muchas respuestas a la pregunta única de Dios.

El hombre posmoderno luce como un Hamlet en monólogo teatral, ambivalente, pendular, oscilante entre el ser y el no ser. Cuando cree estar interrogando a Dios, y cuando cree estar respondiéndole a Dios, en realidad solo está preguntándose y contestándose a sí mismo en un auto-cuestionario estéril, porque sus respuestas no tienen pregunta ni sus preguntas tienen respuesta. Uno nunca sabe preguntarse ni sabe responderse a sí mismo. El monólogo no resuelve nada.

De esta manera, el pobre hombre vive dentro de su íntimo círculo vicioso, como un corcho en un remolino, interrogándose y contestándose sobre sus propias ideas, sin entender que todo monólogo es un intento de diálogo con Dios. Si guardara silencio por un solo instante, escucharía la única pregunta: ¿Quién es Jesús para ti? Entonces, como Pedro, podría dar la única respuesta aceptable. «El Cristo, el Hijo del Dios viviente». Esa es la clave.

Ahora bien, si uno hiciera otro esfuerzo esencialista por encapsular la teología de Paul Tillich, reduciría lo mucho y bueno que el pensador germano-americano produjo a este simple enunciado: Hay preguntas del hombre que reclaman respuestas de Dios. Más esencialista aún: Hay UNA pregunta del hombre que reclama UNA respuesta de Dios. Más preciso todavía: LA pregunta del hombre reclama LA respuesta de Dios.

Terminemos esto en forma simple y directa: Jesucristo es la Gran Pregunta que Dios le hace al hombre y la Gran Respuesta que el hombre debe darle a Dios; por ser, al mismo tiempo, la Gran Respuesta de Dios a las varias preguntas del hombre que son todas una sola.

Clave 4

Uno que es absolutamente otro

La prueba de la observancia de las enseñanzas de
Jesús es nuestra conciencia del fracaso por no lograr
una perfección ideal.
—León Tolstoi

«De repente, en la sinagoga, un hombre que estaba poseído por un espíritu maligno gritó:
—¿Por qué te entrometes, Jesús de Nazaret? ¿Has venido a destruirnos? Yo sé quién eres tú: ¡el Santo de Dios!». (Marcos 1:23-24)

Esta escena es impactante: entra Jesús al templo y nadie le presta atención; pues, para el vecindario municipal, aquel es solo un carpintero de aldea entre tantos judíos piadosos que participan de las tradiciones religiosas. Sin embargo, hay allí alguien que conoce perfectamente al Artesano; ese alguien es un demonio que hace años permanece agazapado dentro de un ser humano sin que nadie lo note. Aquel espíritu inmundo recuerda de inmediato la clave antigua sobre el poder de Jesús, que fue dada por Dios en el Edén, cuando le advirtió a la serpiente que un ser humano —«simiente de la mujer»— aplastaría su cabeza. (Génesis 3:15)

(Antes de seguir adelante, tómese en cuenta que, en simbología bíblica, 'serpiente' significa Satanás; y, por otra parte, que la 'simiente de la mujer' no es la mujer misma. Dicho claramente, no María, sino Jesús).

Ahora bien, en medio del gentío indiferente a la presencia del Nazareno, aquel huésped utiliza la boca de su anfitrión para declarar, temblando de terror: —Tú has venido para destruirme, yo se perfectamente quién eres tú; y, enseguida, hace la revelación, desconocida para todos los que lo rodean: —¡El santo de Dios!

Tenemos un concepto erróneo o, al menos, exagerado sobre lo que es un santo. Nos imaginamos de inmediato a un asceta, un místico, alguien perfecto. Juzgamos que no se puede ser santo y normal al mismo tiempo. Nuestro pseudo-puritanismo declara: Ser santo es ser anormal. Más directamente, lucirlo. Para ser exactos, parecer en vez de ser.

Esta interpretación ha traído enormes dificultades para comprender la verdadera santidad, la cual no puede confundirse con la santurronería, que es una caricatura de la santidad, como lo he repetido mil veces. Para decirlo simplemente, santidad no es lo que yo visto, como o bebo, ni el lugar donde vivo; sino lo que yo soy. Santidad es, dicho en forma esencialista:

> Limpieza de pensamiento,
> pureza de corazón,
> integridad de conducta.

La palabra santo —en el griego *hagiasmós*— significa: 'diferenciado', 'separado', 'apartado', hecho otro. Santidad es 'otredad', de donde se desprende que Dios es El Absolutamente Otro, según la correcta definición neo-ortodoxa.

El demonio que se quita la careta cuando ve entrar a Jesús al templo, no dice: «UN santo de Dios», sino «EL Santo de Dios»; es decir, el único diferente, el único separado, el único apartado, el único que es completamente otro, el único Santo de Dios. La conclusión sencilla y terminante es: hay un solo santo, que es Jesús de Nazaret; todos los demás son —somos— solo santificables, se encuentran —nos encontramos— en proceso de santificación.

También existen conceptos erróneos y exagerados sobre los demonios. Hay quienes creen que tales seres no son reales sino productos de la imaginación humana estimulada por el temor. Se ha cumplido a carta cabal la afirmación de Charles Baudelaire: «La mayor argucia de Satanás es convencernos de que no existe».

Hay otros, por el contrario, que exageran el poder y la acción de los espíritus impuros y han creado una nueva mitología alrededor de ellos y sus acciones. Karl Barth dijo razonablemente que hoy los demonios solo buscan que los hijos de Dios les tengan miedo. Y, por cierto, lo están consiguiendo con resonante éxito. Respecto a estos seres espirituales de maldad, es por igual peligroso desconocerlos que exagerar su acción. Hay que ponerlos sencillamente en su sitio.

Sin lugar a dudas, los demonios existen y perturban a la gente, incluidos los creyentes cristianos. El grado de molestia que causan varía en intensidad y efectos, desde la 'opresión', que opera en dificultades de la vida diaria; pasando por la 'obsesión', que destruye la paz interior; hasta llegar a la 'posesión', como ocurría en el caso relatado por el evangelista Marcos.

Últimamente ha tomado fuerza la tendencia a calificar como simples perturbaciones psicológicas los *shows* de los endemoniados. Es muy delgada, en verdad, la línea que separa lo patológico de lo satánico, pero en la Biblia es clara la diferencia entre un 'lunático' y un 'poseso'. Kurt Köch y Neil T. Anderson ofrecen perspectivas equilibradas al respecto.[9]

Temo desencantar a los extemporáneos admiradores que le quedan a Carlos Marx —aún en grupos que se dicen cristianos—; pero, si yo fuera un viejo pentecostal, lo consideraría directamente como un endemoniado cuando afirma: 'Quiero vengarme de Aquel que reina arriba'.

---

9. Pueden consultarse *Ocultismo y cura de almas*, de Kurt E. Koch, Editorial Clie, Barcelona, 1968 y *Biblia Libertad en Cristo*, de Neil T. Anderson, Editorial Vida, Miami, Florida, 2007

Personalmente, Marx no tenía motivos de discordia contra Dios: pertenecía a una familia aceptablemente acomodada, su niñez no conoció de estrechez económica, tuvo una vida más holgada que sus compañeros de generación y estudios. Por eso, causa inquietud el tono de su poema 'Invocación de un desesperado', en el cual se lee una trascripción casi literal de Isaías 14:12,14, texto habitualmente entendido en referencia a Satanás:

«Así un Dios me ha arrebatado mi todo
en la calamidad y desastre del destino.
Todos sus mundos se han ido más allá
del recuerdo.
No me queda sino la venganza.

Levantaré mi trono bien alto.
Fría, tremenda será su cumbre;
su baluarte, el temor supersticioso;
su ceremonia, la más oscura agonía.

Quien mire hacia él con ojos sanos,
retrocederá mortalmente pálido y mudo.
En las garras de la mortalidad ciega y fría,
que su felicidad prepare su tumba».[10]

En otra producción poética del mismo corte, el idolatrado icono de barbas de rabino hizo otra declaración

---

10. Perfil de Carlos Marx. Un enfoque cristiano al pensamiento y obra del fundador del socialismo científico. Editorial Clie, España, 1975.

perturbadora, llena de desfachatez: «Entonces podré caminar triunfalmente, como un dios, a través de las ruinas de los reinos. Cada palabra mía es fuego y acción. Mi pecho es igual al del Creador»[10a]

No se necesita un gran discernimiento espiritual para entender a quién le sirve de portavoz el autor de esos poemas. El primer pecador, aquel ángel que quiso ser como Dios, ha hablado muchas veces en el transcurso de la historia humana a través de personas influyentes y comunes. El anónimo endemoniado de la sinagoga que Jesús visitara en Capernaum no es el único caso.

Un siglo después de Marx, Satanás utilizó a John Lenon para vociferar, durante un concierto de Los Beatles en el Central Park de Nueva York: «Somos más populares que Jesucristo». Una afirmación que suena ridícula en extremo medio siglo después de pronunciada.

Por fortuna, Jesús no se limitó a tomar control real de estos seres por sí mismo, sino que delegó en los creyentes el poder para hacerlo. Sin eliminar la operación que algunos llaman exorcismo, y otros, liberación, la mejor manera de impedir que los demonios actúen contra nosotros es la probidad de la conducta. Llevar una vida distante del pecado, si bien no aleja de nuestro entorno a tales seres de maldad, esteriliza su acción: «Sabemos que el que ha nacido de Dios no está en pecado: Jesucristo, que nació de Dios, lo protege, y el maligno no llega a tocarlo». (1 Juan 5:18)

[10a] Ibídem

Nunca olvidemos que la razón por la cual aquel espíritu no tuvo más remedio que desenmascararse y lanzarle al Carpintero de aldea la pregunta angustiosa: —¿Has venido para destruirnos?, fue el carácter absolutamente santo de Jesús. Los demonios le obedecerán a quien actúe en nombre del Único Santo, siempre y cuando lo haga participando de su santidad, pues no hay forma de que el Espíritu de Dios comparta su templo —el cuerpo humano del creyente— con un demonio. La santidad es el «santo y seña» de protección.

Clave 5

El Creador no es su creación

«En Dios y la Naturaleza tenemos Voz y Eco»
—Henry Drummond

«...Se desató entonces una fuerte tormenta, y las olas azotaban la barca, tanto que ya comenzaba a inundarse. Jesús, mientras tanto, estaba en la popa, durmiendo sobre un cabezal, así que los discípulos lo despertaron. —Maestro —gritaron—, ¿no te importa que nos ahoguemos? Él se levantó, reprendió al viento y ordenó al mar: —¡Silencio! ¡Cálmate! El viento se calmó y todo quedó completamente tranquilo. —¿Por qué tienen tanto miedo? —dijo a sus discípulos—. ¿Todavía no tienen fe? Ellos estaban espantados y se decían unos a otros: — ¿Quién es éste, que hasta el viento y el mar le obedecen?». (Marcos 4:36-41)

¿Quién es Jesús para la Naturaleza? Esta sencilla pregunta lleva implícita una sencilla respuesta: Jesús es la voz para obedecer. Como lo dijo el científico colombiano Juan Carlos Borrero, un cristiano comprometido, al recibir el Premio Nacional de Ciencias:

«La Naturaleza no tiene leyes,
la Naturaleza sigue las leyes de Dios».

Se equivocan, pues, quienes groseramente hablan de 'las leyes de la Naturaleza' como si se tratara de un código autónomo; cuando, en realidad, los elementos naturales se despliegan dentro de parámetros divinos que nadie, salvo el Eterno Regulador, puede alterar, tal y como ocurrió en el caso comentado aquí. Esa es la clave.

En el año 2005, un poderoso huracán amenazaba la ciudad de Houston, en el estado de Texas. Los cristianos de las iglesias locales hicieron lo correcto: ponerse en oración. Los resultados fueron sorprendentes: aquel fenómeno natural cambió su curso en forma Inexplicable y la ciudad salió indemne. Una vez más, la Naturaleza había obedecido la voz de su Creador, clamando desde la barca de la Iglesia. —«¡Silencio! ¡Cálmate!» (Marcos 4:39)

El libro abierto de la Naturaleza contiene una caligrafía cifrada del mundo sobrenatural. Cierto autor que firma como 'Un Monje de la Iglesia de Oriente', en su precioso libro 'Jesús: humilde visión del Salvador', ha dicho que la Naturaleza está orientada, pues ella revela «un esfuerzo ordenado hacia Jesucristo, sentido y término de toda evolución, causa secreta, flecha indicadora y 'vector' (que dirían los físicos) de los fenómenos naturales».[11]

En los orígenes, la Naturaleza era paradisíaca, pero dejó de serlo como consecuencia de la caída del hombre. A partir del pecado original, Dios dicta su sentencia: «Maldita será la tierra por tu culpa» y «te producirá cardos y espinas» (Génesis 3:17,18)

Nada más ilógico que divorciar al cristianismo de la ciencia. A través de la historia, especialmente en el surgimiento de la modernidad científica, los protagonistas principales fueron cristianos. El eminente profesor británico James Moore ha dicho, razonablemente, que hay evidencias indudables de que el protestantismo fue un instrumento del desarrollo de la ciencia moderna.

¿Cómo desconocer la íntima conexión que existe entre la Reforma y la revolución científica? No en balde Francis Shaeffer, respetado pensador evangélico neofundamentalista, ha identificado claramente las raíces cristianas de la ciencia moderna.

Un pentecostal de férreas convicciones, Rick M. Nañez, ha desafiado a sus propios correligionarios, tradicionalmente inclinados a menospreciar los temas científicos, a través de una obra sustantiva de su propia autoría: *¿Evangelio completo en mentes incompletas?*[12] Allí

---

11. Un Monje de la Iglesia de Oriente, *Humilde Visión del Salvador*, Epesa, Madrid, España, 1961. p. 75
12. Rick M. Nañez. *¿Evangelio completo en mentes incompletas?*, Editorial Vida, 2006.

se recogen preciosas perlas de grandes científicos que fueron, primero, sólidos creyentes. Francis Bacon, por ejemplo, escribió: «Hay dos libros que debemos estudiar, para evitar caer en el error: primero, el volumen de las Escrituras; y luego, el volumen de las criaturas».

Hoy sorprende el hecho de que los fundadores de la Royal Society de Londres, establecida en 1660 para impulsar el estudio y la investigación hacia el avance de la ciencia, eran puritanos. En realidad, los pioneros de la revolución científica moderna fueron todos cristianos: Nicolás Copérnico afirmó que el universo «fue elaborado para nosotros por un Creador supremamente bueno y ordenado».

Robert Boyle, considerado en forma unánime como el gestor de la química moderna, se empeñó por todos los medios a su alcance en demostrar que «la ciencia y la religión no solo son reconciliables, sino de hecho están integralmente relacionadas».

Galileo Galilei no vaciló en hacer afirmaciones palmarias y directas, pese a la incomprensión del medio ambiente intelectual de su tiempo. Él dijo, por ejemplo: «La Santa Escritura nunca podría mentir ni errar, sus declaraciones son de absoluta e inviolable verdad. No obstante, algunos de sus intérpretes podrían a veces errar de varias maneras».

Johannes Kepler afirmó en la Universidad de Tubinga, centro del pensamiento cristiano durante siglos: «Mi deseo es poder percibir dentro de mí al Dios que encuentro en todas las partes del mundo externo. Mi vida está únicamente dedicada al servicio de Jesucristo. En Él está todo refugio, todo solaz».

¿En qué momento se dio la absurda ruptura entre la fe y la ciencia? Aún suenan, aisladamente, «voces disidentes» por llamarlas de alguna manera: Verner von Braun, creador de los viajes espaciales, no tenía duda de que «el universo fue planeado». Fred Heeren afirma que «el genoma muestra un diseño inteligente». Stephen Hawking menciona «la Singularidad», que suena a un simple apodo para Dios. ¿Por qué se hizo posible la separación, que hoy parece irremediable, entre el análisis de la Naturaleza y el conocimiento de su Creador?

El Dios-Hombre tuvo un cuerpo tomado del polvo del planeta; y, en su tránsito terrenal, fue ministrado por la Naturaleza: cierto fenómeno astronómico (Kepler afirma que fue una nova), anunció su nacimiento; la mula y el buey calentaron sus primeras horas con un vaho amoroso en el pesebre; por medio del oro, el incienso y la mirra le rindieron adoración los sabios de Oriente; el agua lo empapó en el bautismo, el olivo dio el aceite para su unción, el trigo produjo el pan que simboliza su cuerpo, y la vid, el vino que recuerda su sangre.

Los ramos recién cortados entretejieron la 'alfombra roja' para su entrada triunfal a la santa ciudad, el burro prestó sus lomos para transportarlo, el espino sirvió para confeccionar su corona, el árbol donó la materia prima para su cruz, el hierro proporcionó los clavos para sus manos y sus pies, así como la lanza que hirió su costado, y, transitoriamente, la roca le sirvió de sepulcro; el cordero entregó su carne para su póstuma cena, y el pescado dio la suya para su primer desayuno como resucitado.

(Ahora mismo un confianzudo pato, al que mis nietos llaman Donald, picotea en el ventanal del jardín, como siempre lo hace, reclamando su desayuno. Corro a dárselo y regreso).

Pausa.

Bien, ya estoy de vuelta. ¿Puede haber ecología cristiana? La hay. Es más, debe haberla. Francisco de Asís era un buen ecólogo, y hablaba con naturalidad del 'hermano sol', la 'hermana luna' y hasta el 'hermano lobo', pero nunca se le ocurrió rendirles culto. Sin embargo, hoy se vive un neo-panteísmo agresivo que surge del celo plausible pero extremado por la conservación de los recursos naturales.

Ecología es la nueva diosa que totaliza en su culto a Flora, Fauna, Ceres y Nereo; y, para sus adoradores, ya son más importantes los animales y los árboles que los seres humanos. Los bosques y los parques zoológicos han adquirido categoría de templos donde Charles Darwin —san Pedro Picapiedra— recibe la más rendida adoración.

Esa forma de idolatría quiere divinizar a la creación, en vez de adorar al Creador que se hizo criatura. Satanás se ha vestido de verde y ronda hoy el planeta enarbolando los estandartes de la ecología, la medicina, la alimentación y la política, desde una perspectiva de magia y hechicería, en nombre de la madre Naturaleza. En Bolivia, el presidente Evo Morales, al tomar posesión de su cargo, en un culto televisado para el mundo entero, honró abiertamente a 'Tata Inti' (el sol) y 'Pacha Mama' (la tierra), e ignoró con frescura al Cristo en quien creía el mariscal Sucre, fundador de esa república andina.

Hay ecólogos que se disfrazan de políticos en los llamados 'partidos verdes', no pocos chamanes se enfundan en batas de doctores, y hay hechiceros que se llaman nutricionistas. Algunos han llegado a afirmar que Jesús era vegetariano, cuando se sabe que comió la pascua judía, cuya base es el cordero; y, después de la resurrección, él mismo preparó para sus discípulos un suculento desayuno de pescado a la orilla del lago. (Juan 21:9,12)

Recientemente, Álvaro Vargas-Llosa se ha referido al que llama «fundamentalismo ecologista», cuyos pronósticos causan graves traumas a la economía mundial. A propósito del Protocolo de Kyoto y sus apocalípticas visiones, el escritor peruano hace sorprendentes afirmaciones: «...en lugar de disminuir, la masa total de hielo de la Antártida está aumentando y la acumulación de metano atmosférico, gran contribuyente al 'efecto invernadero', se ha detenido. Reflexionar y discutir acerca del calentamiento global es algo bueno (¡y pensar que hace un cuarto de siglo lo que se discutía era el enfriamiento global!). Invertir en energía limpia puede ser, también, una buena cosa. Pero generar una psicosis a partir de investigaciones que están aún en pañales y optar por medidas que podrían provocar una catástrofe económica para gente en cuyo nombre tratamos de salvar el planeta es quizás el peor caso de 'balas amigas' jamás producido por la mala conciencia occidental».[13]

Como siempre, los intereses políticos se camuflan de buenas intenciones y hacen creer que lo blanco es negro, lo frío caliente, lo dudoso cierto. Al margen de discusiones más o menos bizantinas sobre temas ecológicos, nunca debe olvidarse lo que dice Pablo en su lenguaje siempre actualista: «La creación aguarda con ansiedad la revelación de los hijos de Dios, porque fue sometida a la frustración. Esto no sucedió por su propia voluntad, sino por la del que así lo dispuso. Pero queda la firme esperanza de que la creación misma ha de ser liberada de la corrupción que la esclaviza, para así alcanzar la gloriosa libertad de los hijos de Dios». (Romanos 8:19-21)

La Naturaleza, pues, será regenerada junto con el nuevo cuerpo de la nueva alma del nuevo espíritu del nuevo hombre en la nueva tierra y el nuevo cielo donde el único Dios-Hombre, que es totalmente espiritual y totalmente natural, reinará por los siglos de los siglos. Amén.

---

13. Alvaro Vargas-Llosa, *El occidente y la mala conciencia*, Semanario Libre, Miami, Florida, Miércoles 7 de febrero de 2007.

Clave 6
El asombro de Dios

La obediencia es un medio particular del gozo y el
único medio para ese gozo en particular
—Charles Williams

«Cuando terminó de hablar al pueblo, Jesús entró en Capernaúm. Había allí un centurión, cuyo siervo, a quien él estimaba mucho, estaba enfermo, a punto de morir. Como oyó hablar de Jesús, el centurión mandó a unos dirigentes de los judíos a pedirle que fuera a sanar a su siervo». (Lucas 7:1-3)

Causa sincera admiración la historia de aquel anónimo oficial del ejército romano de ocupación en las tierras de Judea. Él envió una protocolaria embajada a suplicarle a Jesús que fuera a su casa a sanar a su administrador general, quien estaba en cama gravemente enfermo de algo así como una esclerosis múltiple, si nos atenemos a gráficas descripciones de la época escritas al margen del médico-evangelista Lucas. El oficial tenía buena imagen entre los judíos pues, incluso, les había donado una sinagoga construida de sus fondos personales y, sin dudas, simpatizaba con el sistema religioso local. Sin embargo, «Así que Jesús fue con ellos. No estaba lejos de la casa cuando el centurión mandó unos amigos a decirle: —Señor, no te tomes tanta molestia, pues no merezco que entres bajo mi techo. Por eso ni siquiera me atreví a presentarme ante ti. Pero con una sola palabra que digas, quedará sano mi siervo. Yo mismo obedezco órdenes superiores y, además, tengo soldados bajo mi autoridad. Le digo a uno: "Ve", y va, y al otro: "Ven", y viene. Le digo a mi siervo: "Haz esto", y lo hace». (Lucas 7:6-8)

Un hombre que es militar de profesión está naturalmente acostumbrado a dar órdenes y, también, a obedecerlas; por eso entiende, sin dificultad alguna, que Jesús es la máxima autoridad. Basta que Él abra su boca y diga una sola palabra para que la enfermedad se repliegue al vacío eterno y el cuerpo de su sirviente recobre su plena actividad. Hay un detalle que no puede pasarse por alto en el análisis de este episodio: el centurión confiesa humildemente no ser digno de que Jesús cruce el umbral de su puerta. ¿Sentiría lo mismo respecto al César? Según Lucas, Jesús se asombró de la fe de aquel alto oficial del ejército romano. «Al oír esto, Jesús se asombró de él y, volviéndose a la multitud que lo seguía, comentó: —Les digo que ni siquiera en Israel he encontrado una fe tan grande. Al regresar a casa, los enviados encontraron sano al siervo». (Lucas 7: 9,10)

Los judíos y los romanos discrepaban esencialmente por motivos religiosos, pese a que la libertad de cultos dentro del Imperio era real, como ocurre hoy mismo en los Estados Unidos de América. Sin embargo, dentro de su politeísmo, los romanos consideraban al emperador como un auténtico dios; los judíos, en cambio, eran radicalmente monoteístas y se negaban a rendirle culto a 'dioses ajenos', con mayor razón si se trataba de seres humanos.

Aquel centurión, por lo tanto, había percibido en el humano Jesús un poder que su 'divino' emperador no tenía, siendo el 'dueño del mundo'. Acudir a Jesús para suplir una necesidad lo colocaba, aunque en forma inconsciente, en posición de franca rebelión contra su autoridad.

El temor de Dios ha guiado a muchos militares a través de la historia. Es bien conocida la petición del general Douglas Mc Arthur al producirse la ocupación del Japón, después de la II Guerra Mundial:

—Biblias, muchas Biblias en idioma nipón para obsequiarlas a la población en general. Se ha dicho que un factor importante en la occidentalización japonesa fue la comprensión de la economía bíblica. Lo mismo ocurrió en Corea, donde funcionan hoy las iglesias cristianas más grandes del mundo.

Durante la guerra civil española, el general José Moscardó fue encargado de proteger, como comandante de una tropa especial, el histórico Alcázar de Toledo, donde se conservaban tesoros artísticos importantes de la historia peninsular. El hijo del general, un joven teniente, fue secuestrado por la banda de comunistas que sitiaba el lugar; y, en cierto momento, el comandante rojo Casanellas se comunicó con él por teléfono y le dijo:

—General, su hijo está conmigo y quiere hablarle.

El muchacho comunicó a su padre que, si no rendía el Alcázar en quince minutos, él sería ajusticiado. Moscardó, en tono sereno, se limitó a responder:

—Hijo mío, en quince minutos puedes hacer un acto de contrición perfecta ante Jesucristo, gritar un ¡Arriba España! y morir como un valiente. El Alcázar no se rendirá jamás.

Después de colgar el aparato telefónico, aquel heroico oficial dedicó la mayoría de sus soldados a evacuar del lugar las obras de arte, y el resto, a la defensa militar de la edificación. Su hijo fue, en efecto, fusilado, pero el Alcázar se mantuvo en pie, junto con los principios y valores del general Moscardó, hombre de sólida fe en Jesucristo dentro de la severa tradición católica española. Moscardó entregó a su hijo por España. El padre celestial sacrificó el suyo por todas las naciones.

Napoleón Bonaparte, quien arrebató su corona imperial de las manos del Papa para colocarla por sí mismo sobre su propia cabeza, llegó a ser un dios para los franceses; pero, como muchas crónicas lo confirman, era ferviente admirador de Jesucristo. Fue el famoso emperador quien dijo: «Todo lo de Jesús me sorprende. Su espíritu me impresiona y su voluntad me confunde. Entre Él y cualquier otra persona en el mundo, no hay término ninguno de comparación. Es en realidad un ser único. Busco en vano en la historia para encontrar a alguien similar a Jesús, o algo que se acerque al evangelio. Ni la historia, ni la humanidad, ni las edades, ni la naturaleza me ofrecen nada con lo que pueda compararlo o explicarlo. En Él todo es extraordinario».[14]

Hay algo más para considerar en relación con la clave que nos ocupa: un día Jesús fue a su patria chica, la ciudad de Nazaret, donde se había criado; y, curiosamente, el relato evangélico nos informa que allí no pudo hacer muchos milagros debido a la escasa fe de sus coterráneos, y que «se quedó asombrado de la incredulidad de ellos». (Marcos 6:6)

Es muy brusco el contraste que los dos episodios nos ofrecen: en Nazaret se congregan judíos ortodoxos, apegados a la ley y los profetas, que se supone tenían grabado en su inconciente colectivo todo un catálogo de sucesos verídicos sobre el poder de Dios. Sin embargo, es evidente que, ya para entonces, el fariseísmo ha causado estragos en su espiritualidad, los ha llevado a una creencia correcta pero estéril. Son tan incrédulos, tan duros de corazón, tan escépticos y racionalistas, que obstaculizan —por decirlo de algún modo— el fluir del poder divino.

---

14. Philip Yancey. *El Jesús que nunca conocí*, Editorial Vida, Miami, Florida, 1996, p. 79.

En cambio, el centurión, un hombre nacido y criado dentro del más crudo paganismo, tiene una poderosa intuición interior sobre Jesús; y, por eso, acostumbrado a obedecer y a que se le obedezca, no vacila en reconocer que es suficiente «una sola palabra» del Nazareno para que la sanidad se cumpla en su sirviente. Esa es la clave.

El centurión no es un sentimental sino un pragmático. Si él dice, por ejemplo: —'Apunten, preparen, disparen... ¡ya!', el hombre que está al frente de la escuadra de ejecuciones caerá al suelo, atravesado por las flechas, agonizante. «O las órdenes se cumplen o la milicia se acaba». Jesús, supremo comandante de un ejército misterioso que el centurión no ve pero percibe en lo secreto de su ser, puede también, y con mayor razón, dar una orden oral sin que nadie se atreva a desobedecerla.

Hoy, como hace un poco más de dos mil años, Jesucristo solo se asombra de dos cosas: la fe y la incredulidad. La Biblia no nos habla de algo más que sorprenda al Dios-Hombre: exclusivamente la creencia y la in-creencia. Cada uno de nosotros es motivo de asombro para Él, porque no podemos ser sino una de dos clases de personas: el creyente o el incrédulo. No existen más categorías en todo el mundo.

El hombre caído cree que no cree hasta que cree; y, entonces, se asombra de su incredulidad. En la primera etapa de la fe, a veces duda que cree cuando solo cree que duda. La oscilación entre el creer y el des-creer es continua: creer que no se cree no es necesariamente no creer. Yo creo aunque, por momentos, creo no creer, creo aunque crea que no creo. No es lo mismo no creer que se cree, que creer que no se cree.

Por momentos, solo se duda de la duda; y, a veces, se cree que se cree, o se cree que no se cree; y, en no pocas ocasiones, solo se tiene fe en la fe. Es por eso que el Dios misericordioso nos pide fe apenas del tamaño del insignificante grano de mostaza como materia prima de los milagros.

Jesucristo vive permanentemente asombrado por causa nuestra: se asombra cuando ponemos la fe en acción y se asombra, también, cuando la incredulidad traba la acción de la fe. Algunas veces, eres el Pedro que caminas sobre las aguas sin hundirte, con la mirada puesta en un Jesús asombrado que te observa en silencio; otras veces, la fuerza natural de las cosas te asusta, y eres el Pedro que naufraga; entonces, un Jesús asombrado te pregunta: —«¿Por qué dudaste?» (Mateo 14:28,32).

De todos modos, en la milicia cristiana, nada mejor que ser un soldado raso porque, sin duda, uno sabe que «donde manda capitán no manda marinero», y se limita a cumplir órdenes. Finalmente, cuando aprenda a obedecer, aprenderá a mandar; y, entonces, recibirá un ascenso y uno mismo podrá dar órdenes de ineludible cumplimiento, como centurión del ejército espiritual, cuya marcha triunfal se hace de rodillas.

Clave 7

Un *paparazzi* de Dios

> Entre los datos más seguros de la vida
> de Jesús está su trato con pecadores
> y ritualmente impuros.
> —Walter Kasper

«Uno de los fariseos invitó a Jesús a comer, así que fue a la casa del fariseo y se sentó a la mesa. Ahora bien, vivía en aquel pueblo una mujer que tenía fama de pecadora. Cuando ella se enteró de que Jesús estaba comiendo en casa del fariseo, se presentó con un frasco de alabastro lleno de perfume. Llorando, se arrojó a los pies de Jesús, de manera que se los bañaba en lágrimas. Luego se los secó con los cabellos; también se los besaba y se los ungía con el perfume. (Lucas 7:36-38)

A veces me pregunto con curiosidad de comunicador social y periodista, qué clase de cobertura le darían hoy los medios masivos a este episodio. El personaje religioso de moda asiste a un banquete en su honor en la casa de un fariseo acaudalado y aristocrático —como quien dice, un miembro del *jet-set*—; y, repentinamente, sin que los guardias de seguridad alcancen a reaccionar, irrumpe al recinto la prostituta del pueblo, con su *sleeping* portátil debajo del brazo, y se tira a los pies del Invitado. ¡Qué escándalo social extraordinario!

Los *paparazzi* harían una fortuna con las imágenes y el audio de aquel encuentro. Guardadas las proporciones, es como si Billy Graham está cenando en la mansión de Bill Gates y se aparece por allí alguna 'conejita' de Play Boy, de cuerpo entero y llorando copiosamente. No quiero ni pensar en la reacción de los perfeccionistas que quieren perfeccionar a los demás porque no pueden perfeccionarse a sí mismos:

—¿Se dan cuenta? Este Billy es incorregible, siempre sirve de imán para atraer a las malas personas «Al ver esto, el fariseo que lo había invitado dijo para sí: "Si este hombre fuera profeta, sabría quién es la que lo está tocando, y qué clase de mujer es: una pecadora"». (Lucas 7:39)

Ciertos sistemas filosóficos constituyen formas sofisticadas de prostitución. El existencialismo tuvo una raíz teológica, más exactamente protestante, desde la perspectiva original de Sören Kierkegaard, que ubicaba en

Jesús el punto de inercia en la tensión dinámica entre Dios y el hombre; pero sus desarrollos posteriores fueron un salto al vacío, especialmente por personajes como Albert Camus.

Sin embargo, poco se habla de las revelaciones del cura Ignace Leep, quien se había convertido del marxismo, según las cuales el autor de 'El extranjero' y 'La peste' había pedido el bautismo y la reincorporación a la Iglesia meses antes del accidente que le costó la vida.

En el aeropuerto de París, a fines del verano de l959, el Premio Nobel se había despedido de su amigo, el pastor metodista Howard Mumma, con estas palabras: —'Amigo mío, ¡voy a seguir luchando por alcanzar la fe'. Cuarenta años después, el reverendo Mumma dio a la luz su libro *El existencialista hastiado. Conversaciones con Albert Camus.*[15]

Allí se leen cosas sorprendentes dichas por el genio franco-argelino: «Si, Howard, eso es totalmente correcto. La razón por la cual yo estoy viniendo a la iglesia es porque estoy buscando. Me encuentro en algo que es casi como un peregrinaje; buscando algo que llene el vacío que siento, y que nadie más conoce. Ciertamente, el público y los lectores de mis novelas, aún ven ese vacío, no encuentran las respuestas en lo que están leyendo. En el fondo tiene usted razón: estoy buscando algo que el mundo no me está dando. Desde que estoy viniendo a la iglesia, he estado pensando mucho sobre

---

15. Howard Mumma, *El existencialista hastiado,* Conversaciones con Albert Camus, Editorial, Voz de Papel, España, 2000

la idea de una trascendencia, algo totalmente distinto de este mundo. Es algo de lo que no se oye hablar mucho hoy en día».

El pastor Mumma confirma lo dicho por el padre Leep: ciertamente Camus estaba preparado para el bautismo cuando lo sorprendió la muerte en un trágico accidente el 4 de enero de 1960. En la persona de este genio literario, la prostituta existencialista se arrojó a los pies del Nazareno, ante la mirada colérica y de soslayo de muchos fariseos contemporáneos, sentados al banquete de la irracionalidad. Hubo airadas protestas de intelectuales desencantados por la posible conversión de Camus, con quien Dios quiera podamos abrazarnos en el cielo.

Otro escritor, el colombiano Luís López de Mesa, hizo el milagro literario de convertir el relato evangélico de la prostituta intrusa del banquete fariseo en su precioso *Apólogo Cristiano del Amor*, pequeña obra maestra en cuya conclusión, el autor pone en labios de Jesucristo estas palabras: —«Padre, perdónalos aunque sepan lo que hacen».

El fariseo que todos sin excepción llevamos dormido en el corazón es de sueño ligero y se despierta automáticamente cuando el menor movimiento amenaza la seguridad de su siesta espiritual. Hemos borrado de nuestro 'disco duro' esta verdad: no hay buenas personas, ni siquiera una; los cristianos son —somos— solamente personas perdonadas de su —nuestra— maldad, porque un día, como la prostituta de esta historia, nos tiramos llorando a los pies de Jesucristo sin importarnos el qué dirán, y entonces entendimos, al igual que ella, que ese Divino Comensal es quien perdona los pecados. Esa es la clave.

El clásico evangélico *Psicología de la culpa*, analiza profundamente lo que ocurre en nuestro mundo interior como consecuencia del perdón divino dado a través de Jesucristo: «Antes de la salvación, el pecado levanta barreras entre nosotros y Dios. A causa de su naturaleza justa y santa, Dios nos declara dignos de castigo, alienación y pérdida de autoestimación... Basados en nuestros propios sentimientos de bien y mal y nuestras experiencias infantiles de castigo y de culpa, nosotros también levantamos barreras entre nosotros y Dios. Esas barreras consisten en nuestras expectativas de castigo, rechazo y pérdida de autoestimación... Cuando llegamos a ser cristianos, las barreras del lado de Dios desaparecen completamente. La muerte de Cristo satisfizo todas las demandas de Dios, quien se acerca ahora sin obstáculos hacia el nuevo hombre. Pero miremos ahora al otro lado de la barrera. La muerte de Cristo no removió instantáneamente nuestros muy arraigados temores de castigo, rechazo y pérdida de autoestimación. Acostumbrados por años a la expectativa de castigo por nuestros pecados, no podemos cambiar de un momento a otro. Queremos escondernos de Dios porque tememos su retribución o rechazo».[16]

---

16. B. Narramore – B. Counts, *Psicología de la culpa*, Logoi, 1998

Se equivocan quienes piensan que al cielo van las buenas personas, o las personas buenas; en verdad, allí solo tienen acceso todas las personas malas, o malas personas, que han sido indultadas eternamente de su maldad. Dentro de esa lógica divina, los pensamientos perversos del fariseo son destruidos por su Invitado con lógica irrefutable: «Por esto te digo: si ella ha amado mucho, es que sus muchos pecados le han sido perdonados. Pero a quien poco se le perdona, poco ama». (Lucas 7:47)

Aquel fariseo había recibido a Jesús bajo el techo de su mansión con evidente frialdad social, pues ni siquiera cumplió mínimos requisitos de urbanidad y buenas maneras de común usanza en la época, tales como proporcionarle agua para lavarse los pies, darle aceite para ungirse la cabeza, saludarlo con un beso cortés. Se trataba de una invitación a regañadientes, quizás para guardar las apariencias o por mera curiosidad, según se deduce de lo escrito por Lucas, el *paparazzi* que nos ha transmitido el chisme.

En cambio, aquella indeseable intrusa, paradójicamente había cumplido el protocolo al romperlo: lavó los pies del Nazareno con sus lágrimas, agua brotada del corazón; y, para secárselos, hizo de sus cabellos una toalla; los ungió con un exótico perfume llamado arrepentimiento; y, finalmente, los envolvió en ese velo inconsútil del amor, que son los besos.

Hay varias cosas que Jesús no hace ante ella: retirar bruscamente sus pies para no ser contaminado, tratar de persuadirla con palabras de que suspenda su escandalosa acción, ofrecer ruborizadas explicaciones a sus contertulios, ordenar a los guardias que la retiren de inmediato, o estallar en santa cólera. Tampoco decirle algo así como: —Cuéntame toda la historia de tu vida, con pelos y señales, en una confesión auricular, para impartirte el perdón después de imponerte una equitativa penitencia. La cosa es simple: «Entonces le dijo Jesús a ella: —Tus pecados quedan perdonados». (Lucas 7:48)

Borrón y cuenta nueva. Para ella —y 'ella' somos todos nosotros—, Jesús es quien perdona los pecados. Punto final. Antes de su encuentro personal con Cristo, esta espontánea mujer, cuyo nombre personal no registra la historia, no es solo —individualmente— UNA prostituta, sino —colectivamente— LA prostituta que conocemos bajo el nombre de 'humanidad caída'. Todos los pecadores irredentos forman parte de esa pecadora corporativa.

Pero, como consecuencia de su acción de buscar a Cristo, aquella mujerzuela compungida que se presenta en la casa del magnate fariseo y desparrama todo su ser a los pies de Jesús para recibir su perdón, es la nueva Eva, la «Eva corporativa» formada por todos los creyentes, conocida por el nombre de Iglesia, de cuya anatomía espiritual —el Cuerpo de Cristo— forman parte los regenerados. Esa Eva-Iglesia debe mantener abiertos sus oídos todo el tiempo para escuchar la Voz que le dice: «—Tu fe te ha salvado —le dijo Jesús a la mujer—; vete en paz». (Lucas 7:50)

Jesús le entrega a la pecadora arrepentida su paz y salvo, o salvoconducto, la constancia de que no debe absolutamente nada. La fe produce salvación, la salvación produce paz. La mujer de esta historia no es UNA mujer sino LA mujer, no es UN ser humano sino EL ser humano. Todos los creyentes estuvimos a los pies de Jesucristo por medio de ella, con ella y en ella, siendo nosotros ella, y ella nosotros.

Clave 8

¿Tiene Dios una madre?

> Quizás no sorprende que las mujeres
> fueran las primeras en el pesebre
> y las últimas en la cruz.
> —Dorothy Sayers

«Cuando el vino se acabó, la madre de Jesús le dijo: —Ya no tienen vino». (Juan 2:3)

¿Quién es Jesús para la virgen María? ¡Qué buena pregunta! Nuestros hermanos-medios los católicos dicen que María es la madre de Dios y, con esa lógica, tiene todo el derecho de darle órdenes a su 'nene' sin que Él pueda negarse a obedecerlas; o, al menos, ella puede hacerle sugerencias para la toma de decisiones, darle consejos, orientarlo, recomendarle personas o situaciones; pues, al fin y al cabo, es su mamá.

Los protestantes históricos que aceptaron la definición «madre de Dios» para la Virgen, lo hicieron pensando en la divinidad de su Hijo pero, nunca, en la de María misma; pues, obviamente, ella no deja de ser esencial y exclusivamente una mujer por el hecho de que su Hijo sea Dios.

La idea de una diosa-madre es netamente pagana y está condenada en la Biblia, pero fue introducida tardía y subrepticiamente a la iglesia latina por nuevos creyentes que, a partir del siglo II, transculturizaron sus antiguas creencias mitológicas con el cristianismo, al modo como los israelitas, en algunos casos, hicieron un mestizaje espiritual de la religión mosaica con las creencias cananeas.

Sigmund Freud, en su obra *Moisés y la religión monoteísta,* hace este enunciado dogmático, muy propio de su interpretación edípica de todas las cosas: «La religión judía era una religión del Padre, la cristiana es una religión del Hijo».[17]

(¿Alguien podría complementarlo diciendo que el pentecostalismo es una religión del Espíritu?)

Es una broma, claro...

El 'edipismo' del fundador del psicoanálisis habría quedado completo si él hubiera añadido que la religión católica es una religión de la madre. Sorprende que al sagaz Freud no se le hubiera cruzado por la mente tan

---

17. Sigmund Freud, *Moisés y la religión monoteísta,* Editorial Losada, Argentina, 1945, p. 130

obvia idea, pues si hay algo que caracteriza a la iglesia romana es su marianismo.

En países como Polonia y México, María es la deidad autóctona que hace las veces de lo que eran Ishtar en Babilonia, Shingmoo en China, Indrani en la India, Isis en Egipto, Venus en Roma, Cibeles en Iberia y Afrodita en Grecia. Sin embargo, justo es reconocer que, desde hace varias décadas, el Vaticano realiza esfuerzos para bajarle volumen a esa tendencia anti-ortodoxa que ha convertido a la madre humana del Dios-Hombre en una virtual diosa, a través de veintidós mil advocaciones, pasando por alto la afirmación del Credo de Atanasio, según la cual Jesucristo es

«Dios de la sustancia de su Padre,
Hombre de la sustancia de su madre;
igual al Padre en su divinidad,
menor que el Padre en su humanidad».

Es de simple sentido común que Dios no puede tener madre, pues, en ese caso, dejaría de ser Dios. La razón por la cual los dioses paganos son falsos dioses es, precisamente, porque son hijos de diosas. Es también verdad de Perogrullo que, si algún ser humano tuviera capacidad para mediar entre Dios y los hombres, no habría sido necesario que Dios mismo se hiciera un ser humano. Jesucristo, en su doble naturaleza divina-humana, es el puente perfecto y único de comunicación de Dios con los hombres y de los hombres con Dios.

¿Qué papel juega, entonces, la virgen María? En primer lugar, su vientre virginal es utilizado por el Ingeniero Genético para implantar *in vitro* la vida humana de su Hijo, sin la participación del ciclo reproductivo de un varón. Jesucristo en cuanto hombre lo es, precisamente, por ser hijo de una mujer; así como, en cuanto Dios, lo es por ser Hijo de Dios. Su naturaleza humana necesita madre, no así su naturaleza divina que existe desde antes de que existiera su madre humana, pues ella es una de sus criaturas. Sorprende leer, a este respecto, lo escrito por Jean-Paul Sartre:

«La Virgen está pálida y mira al niño. Su cara expresa una reverencia y asombro que no ha aparecido más que una vez en una cara humana. Y es que Cristo es su hijo: carne de su carne y fruto de sus entrañas. Durante nueve meses lo llevó en su seno. Le dará el pecho y su leche se convertirá en sangre divina. De vez en cuando la tentación es tan fuerte que se olvida de que Él es Dios. Lo estrecha entre sus brazos y le dice: 'mi niño' Pero en otros momentos, se queda sin habla y piensa: Dios está ahí. Y le atenazan temores ante este Dios mudo, ante este niño que infunde respeto.

»Todas las madres se han visto así alguna vez, colocadas ante ese fragmento rebelde de su carne que es su hijo, y se sienten exiliadas de esta vida nueva que han hecho con su vida, pero donde habitan pensamientos distintos. Mas ningún niño ha sido arrancado en forma tan cruel y directa de su madre como este niño, pues Él es Dios y sobrepasa por todas partes lo que ella pudiera imaginar.

»Aunque yo pienso que hay muchos otros momentos, rápidos y resbaladizos, en que ella se da cuenta de que Cristo, su hijo, es su niño y es Dios. Lo mira y piensa; este Dios es mi hijo. Esta carne divina es mi carne. Está hecha de mí. Tiene mis ojos, y la forma de su boca es la mía. Se parece a mí, es Dios y se parece a mí. Ninguna mujer jamás ha tenido a su Dios para ella sola, un Dios muy pequeñito al que se puede tomar en brazos y cubrir de besos, un Dios calentito que sonríe y que respira, un Dios al que se puede tocar; y que ríe. En uno de esos momentos pintaría yo a María si fuera pintor».[18]

Auque Ripley en persona talvez no lo creería, se trata del mismo Sartre que escupió esta frase-náusea: «El infierno son los otros», y a quien se lo puede señalar como el gran villano de la crisis moral del siglo veinte que se prolonga hasta nuestros días. Irónicamente, en este caso, el angustiado filósofo del 'fracasismo' les da buen ejemplo a muchos cristianos que creen honrar a Jesucristo menospreciándole a su madre humana. Ella es, por cierto, el ejemplo de todas las mujeres; y, también, de todos los hombres por su corazón abnegado y obediente a la voluntad de Dios.

El sacerdote jesuita Alfonso Llano ha identificado «cuatro Marías»:

---

18. Bon Jonah, *Escritos de cautividad en Stalog*, Sartre, citado en la página web: http://personal5.iddeo.es/magolmo/sartre.htm

1. la María humana,
2. la María histórica,
3. la María madre universal
4. la María inauténtica.

En forma asombrosa, por provenir de un católico, este autor descalifica abiertamente las «manifestaciones ambiguas, cercanas a lo ridículo, que le hacen más daño que provecho a la Iglesia y a la propia virgen María». Exalta a la «joven judía, sencilla y bella, de quien se enamoró el joven José». La llama luego «defensora de la fe en su Hijo Jesucristo»; y, finalmente, no vacila en afirmar: «Queda una cuarta maría (así con minúscula) que desfigura a la verdadera y que ha dado origen a un marianismo que tiende a separar la devoción mariana de la Historia de Salvación, convirtiéndola en un culto autónomo y autosuficiente o, como dice el mariólogo Laurentín, en una nueva religión».[19]

Es descabellado atribuirle una tumba en Jerusalén a la bienaventurada virgen María, como ahora se pretende. Con base en datos lógicos e investigaciones confiables, ella murió en Éfeso, propiamente en casa del apóstol Juan, quien se había encargado de su custodia por petición personal de Jesucristo antes de su muerte en la cruz. según consta en el propio evangelio: «Cuando Jesús vio a su madre, y a su lado al discípulo a quien

---
19. Alfonso Llano Escobar, *Un alto en el camino*. El Tiempo, Bogotá. 13 de agosto 2000, pp. 1, 24

él amaba, dijo a su madre: —Mujer, ahí tienes a tu hijo. Luego dijo al discípulo: —Ahí tienes a tu madre. Y desde aquel momento ese discípulo la recibió en su casa». (Juan 19:26-27)

Una vez iniciada la diáspora cristiana, el apóstol Juan sin duda se trasladó a la parte griega del Imperio Romano donde ejerció un amplio ministerio, del cual hay vasta documentación histórica. Es inimaginable, por simple sentido común, que hubiera dejado completamente abandonada a María en Jerusalén, en medio de las peligrosas persecuciones que se habían desatado.

Por otra parte, hay dos dogmas marianos completamente inaceptables: el primero es el de la inmaculada concepción, que eliminaría la expiación universal de Jesucristo, como el 'tomismo' lo entendió desde el principio. El Hijo de María murió por todos los seres humanos, incluida su propia madre, quien reconoció expresamente en el *Magfnificat* su necesidad de un Salvador. «Y mi espíritu se regocija en Dios mi Salvador». (Lucas 1:47)

El segundo dogma insostenible es el de la asunción, según el cual, María ascendió al cielo sin que su cuerpo conociera corrupción. Esta creencia parece provenir de una transculturización (¿mestizaje espiritual?) del mito de Venus emergiendo de la espuma del mar; y, en todo caso, contradice lo dicho expresamente por el propio Jesucristo: «Nadie ha subido jamás al cielo sino el que descendió del cielo, el Hijo del hombre». (Juan 3:13)

Hechas las anteriores aclaraciones, volvamos al episodio evangélico que nos ocupa. Jesús, su madre y sus discípulos, junto con otros invitados, concurren a un enlace matrimonial y, de pronto, se acaba el vino. Tradiciones judaicas afirman que, desde los tiempos del profeta Isaías, era un signo de mal augurio que tal cosa ocurriera en una boda, lo cual explica la legítima preocupación de María.

Cierto que, después de algún recelo inicial, Jesús atiende la emergencia social que se ha presentado por medio del famoso milagro de la conversión del agua en vino, de tan rico simbolismo. Se ha escuchado a más de un predicador afirmar que Jesús lo que hizo fue convertir el vino en agua, o el agua en jugo de uva, para que la gente no se embriagara; pero es claro que el *maitre* del banquete le dice al novio que fue un error reservar el vino de mejor *bouquet* para el final. «El encargado del banquete probó el agua convertida en vino sin saber de dónde había salido, aunque sí lo sabían los sirvientes que habían sacado el agua. Entonces llamó aparte al novio y le dijo: —Todos sirven primero el mejor vino, y cuando los invitados ya han bebido mucho, entonces sirven el más barato; pero tú has guardado el mejor vino hasta ahora». (Juan 2:9,10)

No hay por qué alarmarse de que fuera vino, porque en las Sagradas Escrituras el vino no es una bebida alcohólica sino un complemento alimenticio que, consumido en exceso es dañino; pero, en dosis moderadas, puede ser benéfico. San Pablo se lo recomienda a Timoteo a causa de problemas que el discípulo padecía con su flora intestinal. (1 Timoteo 5:23)

Bueno, pero entonces, ¿quién es Jesús para María? Nada más y nada menos que la solución del problema. Por eso, cuando se nos presentan situaciones insolubles, debemos imitar a la virgen: ir directamente, en oración intercesora, a Quien todo lo arregla. Esa es la clave de María. En este episodio, nadie la busca a ella para que interceda ante su hijo, si no que lo hace en forma autónoma. No hay que buscar intermediarios ante Jesús, ni siquiera a su propia madre, quien, como queda demostrado, tenía claras las cosas. Jesucristo es la Gran Solución.

Clave 9

Espíritu saciado en cuerpo hambriento

La calidad de la misericordia se ha agotado.
—Shakespeare

«Cuando Jesús alzó la vista y vio una gran multitud que venía hacia él, le dijo a Felipe: —¿Dónde vamos a comprar pan para que coma esta gente? Esto lo dijo sólo para ponerlo a prueba, porque él ya sabía lo que iba a hacer. —Ni con el salario de ocho meses podríamos comprar suficiente pan para darle un pedazo a cada uno —respondió Felipe. Otro de sus discípulos, Andrés, que era hermano de Simón Pedro, le dijo: —Aquí hay un muchacho que tiene cinco panes de cebada y dos pescados, pero ¿qué es esto para tanta gente?» (Juan 6:5-9)

Ha surgido un problema bastante serio aquí: cinco mil hombres, acompañados de sus mujeres y sus hijos, andan detrás de Jesús en una gran cruzada evangelizadora a inmediaciones del Lago de Genesaret; ha habido abundante comida espiritual con el sermón del Nazareno, pero llega la hora del almuerzo, no se ha proclamado un ayuno general y no hay restaurantes cerca, ni ventas de 'tacos', hamburguesas o perros calientes y la gente es muy pobre.

Obsérvese que Jesús no solo se preocupa por darles a sus seguidores el alimento para el espíritu a través de la mente; sino, también, el alimento físico, porque él ama el hombre integral y quiere que todo su ser —espíritu, alma y cuerpo— tenga vida abundante. Eso es solucionismo.

Las viejas discusiones sobre la constitución humana —unidimensional, bidimensional, tridimensional— parecen llegar a su fin. En realidad nunca debieron existir, puesto que Justino Mártir definió claramente desde muchos siglos atrás:

«El cuerpo es la casa del alma,
el alma es la casa del espíritu».

Aún subsisten, por supuesto, defensores de la 'dicotomía', especialmente católico-romanos y protestantes históricos, pero la 'tricotomía' se afianza. El psiquiatra judío Víktor Frankl, sobreviviente de los hornos crematorios de los nazis, ha adoptado científicamente el modelo antropológico tridimensional de la Biblia: espíritu (*pneuma*), alma (*psyche*) y cuerpo (*soma*), expuesto llanamente por San Pablo: «Que Dios mismo, el Dios de paz, los santifique por completo, y conserve todo su ser —espíritu, alma y cuerpo— irreprochable para la venida de nuestro Señor Jesucristo». (1 Tesalonicenses 5:23)

En su aplaudido ensayo *El hombre en busca del sentido último*, a través de juiciosas argumentaciones, el doctor Frankl concluye: «Mientras sigamos hablando solo de mente y cuerpo, la plenitud nos seguirá dando la espalda. Hemos reconciliado los antiguos modelos, convirtiendo las proyecciones bidimensionales en un modelo tridimensional que representa la realidad humana de una forma más completa».[20]

El creador de la 'logoterapia' ha llegado a decir que «el espiritual es un centro personal rodeado de capas psicofísicas periféricas». El hombre, pues, es una trinidad a imagen de su Creador; y, claro está, tiene necesidades espirituales, psíquicas y físicas que deben ser adecuadamente satisfechas. Por eso el Dios-Hombre, al enseñarnos a orar, incluye en la fórmula del Padrenuestro la petición directa por el pan cotidiano.

En la emergencia aludida, cuando se le informa que la única porción de comida disponible consiste de cinco panes y dos pescados, Jesús piensa en forma natural: 'Suficiente para mí'. La multitud que lo rodea no lo sabe, pero este predicador ambulante es el mismo Dios

---

20. Virtor Frankl, *El hombre en busca del sentido último*, Editorial Paidós, 2000.

que lo hizo todo de la nada absoluta; solo que nunca más hará lo mismo, porque la materia prima de todas las cosas ya existe y solo hay que multiplicarla. Esa es la clave. Así lo hace Él mismo y, sorprendentemente, la muchedumbre es saciada y sobra comida, exactamente doce canastas, una por cada uno de los miembros del *staff*. En toda época, los siervos del Señor tendrán asegurado el sustento.

Jesús es quien multiplica los recursos. La ciencia ha descubierto que una pequeña cantidad de masa produce una enorme cantidad de energía. Por eso, los creyentes que entienden bien las cosas, toman las pequeñas provisiones que tienen a la mano y se las entregan a Jesús, en la certeza de que Él las multiplicará. Tal es el secreto de la prosperidad.

Por desdicha, algunos cristianos materialistas ven en Jesús a alguien con quien se firma un simple contrato en el cual ellos le garantizan seguirlo si Él se compromete a darles todo cuanto le pidan. La fe como inversión en un negocio rentable. ¿Anda, acaso, Jesús, con una libreta de cheques en la mano, comprando seguidores? «Ciertamente les aseguro que ustedes me buscan, no porque han visto señales sino porque comieron pan hasta llenarse». (Juan 6:26)

Nunca olvidemos que hay una comida invisible mucho más real que la que entra al estómago para nutrir el cuerpo físico: la Palabra de Dios. De ese alimento le habla Jesús al Diablo cuando este lo reta a convertir las piedras en pan para saciar el hambre que lo agobia después de cuarenta días continuos de ayuno. «Jesús le respondió: —Escrito está: No sólo de pan vive el hombre, sino de toda palabra que sale de la boca de Dios». (Mateo 4:4)

Obsérvese que la multiplicación de los peces y los panes para alimentar los cuerpos se produce cuando ya todos los espíritus han sido alimentados con el sermón de Jesús, en un banquete dado por medio de las almas: mente, emociones y voluntad.

En materia de nutrición, la iglesia está dividida. Una tendencia estoica enfatiza el alimento espiritual y menosprecia el físico; otra, epicúrea, hace del cuerpo un simple instrumento del placer de la gula. Los miembros del primer grupo creen que ayunan cuando solo aguantan hambre; los del segundo, llenan de basura el templo del Espíritu Santo al consumir en exceso lo que no conviene a la salud.

Dicho sea de paso, estoicos y epicúreos son los mismos grupos a los que Pablo se enfrentó en el ágora o plaza pública de Atenas, que lo calificaron de «charlatán» y «predicador de dioses extranjeros» y lo llevaron, finalmente, al Areópago, que era la Universidad de Cambridge de la época, a que les dictara una cátedra magistral sobre cristianismo (Hechos 17:18-19). Allí el «charlatán» se salió con la suya e inauguró la Civilización Cristiana Occidental.

Hay un trasfondo gnóstico en toda idea que repudia y castiga al cuerpo como si fuera el depósito de la maldad. Muchos se privan de la buena cocina porque, a su juicio, es pecado disfrutar las bendiciones gastronómicas que Dios le ofrece al hombre. Para ellos, siempre que hay una mesa bien servida, Satanás ha sido el *chef.*

Por otra parte, hay un trasfondo pagano en toda idea que hace del cuerpo el eje de la personalidad humana; y, por cierto, ya resulta insoportable la 'corpolatría' que hoy se practica a todos los niveles, El neopaganismo en boga ha reactivado la más antigua y grosera forma de la idolatría que es la adoración del cuerpo humano. Deprime el repetido caso de jovencitas que, para mantener la apariencia física en boga, se enferman de anorexia y bulimia y son ya esqueletos cuando dejan de respirar prematuramente.

Hay un tercer grupo cuyos miembros se autocalifican de equilibrados, quienes critican por igual la abstinencia y la satisfacción legítima de las necesidades naturales de comida y bebida. Para ellos, son igualmente perversos el abstemio y el *gourmet.* Estos sujetos son los que te dan palo porque bogas y palo porque no bogas.

Convendría a todos recordar que Jesús era —para decirlo con una palabra fuerte— adicto a los banquetes y asistía con frecuencia a ellos aún en casas de mala reputación. El Señor, además, ideó varias de sus parábolas con base en los banquetes: El rico y Lázaro, la Fiesta de Bodas, etc; y, siguiendo su ejemplo, los primeros cristianos celebraban sus ágapes. No olvidemos que la Santa Cena es solo un anticipo del banquete celestial que se celebrará eternamente con motivo de las Bodas del Cordero.

Jesús es un problema sin solución para sus enemigos. Unos intentan negar su existencia real, humana, histórica, y llegan a afirmar que Jesús era simplemente un mito, al mismo nivel de los dioses paganos. Otros, rendidos por la evidencia, han aceptado al 'Jesús histórico', pero se niegan a reconocerle atributos y poderes divinos, como los que le permiten multiplicar los peces y los panes.

El doctor C.S. Lewis, cuyo pensamiento ejerce vasta influencia sobre la sociedad occidental, en su profundo y divertido libro *Cartas a un Diablo Novato*, pone en labios del anciano demonio Cintarrosa, estos útiles consejos a su joven sobrino sobre las estrategias del engaño que le permitirán, cuando sea un demonio mayor de edad, seguir combatiendo a Cristo: «En la pasada generación promovimos la construcción de 'un Jesús histórico', adaptado al pensamiento de los liberales y de los que opinan que Jesús fue meramente humano. Ahora estamos presentando un nuevo 'Jesús histórico' de corte marxista, catastrófico y revolucionario. La ventaja de tales construcciones, las cuales tratamos de cambiar cada treinta años más o menos, son variadas. En primer lugar, todas ellas tienden a dirigir la devoción del hombre hacia algo que no existe, porque cada 'Jesús histórico' no es histórico. Los documentos dicen lo que dicen, y no se les puede añadir nada. Cada nuevo 'Jesús histórico', pues, tiene que salir de ellos por omisión en algún punto o por exageraciones en otros, y con suposiciones de esa clase ('brillante' es el adjetivo que enseñamos a los hermanos que se debe aplicar a ello) en los cuales nadie arriesgaría ni cinco centavos en la vida ordinaria, pero que son suficientes para producir una cosecha de Napoleones, Shakespeares. Swifts, en cada catálogo de publicaciones de otoño".[21]

Los seguidores de Rudolph Bultmann y su «desmitologización» han despojado a los evangelios de su carácter sobrenatural; para ellos, los peces y los panes son solo símbolos de una enseñanza que se quiere dar. Yo soy, más bien, razonador; pero, francamente, puedo atestiguar desde el corazón, en mi vida personal, así como en las de mi familia y mi iglesia, sobre la multiplicación milagrosa de los recursos siempre que estos escaseaban, a veces en forma alarmante.

Confieso que no puedo explicarlo. Sencillamente los milagros lo son porque no tienen explicación racional posible. Hay que reconocer que, en la vida cristiana, la gente llega a acostumbrarse tanto a los milagros, que pierde muchas veces su capacidad de asombro. Uno sabría lo que es un milagro si supiera lo que es Dios. Para mí, Él sigue siendo El Gran Quién Sabe

Concluyamos diciendo que el Señor mismo reprendió a los inconsecuentes criticones de su tiempo que despotricaban de Juan el Bautista porque no comía ni bebía, y del propio Jesús porque lo hacía, en una inconsecuencia que hoy perdura en vastos sectores del cristianismo.

---

21. Josh Mc Dowell y Hill Wilson, *El anduvo entre nosotros, Evidencias del Cristo histórico,* Introducción, Editorial Unilit, Miami, Florida, 1996

«Porque vino Juan, que no comía ni bebía, y ellos dicen: "Tiene un demonio" Vino el Hijo del hombre, que come y bebe, y dicen: "Éste es un glotón y un borracho, amigo de recaudadores de impuestos y de pecadores". Pero la sabiduría queda demostrada por sus hechos». (Mateo 11:18,19)

La lección ofrecida por el Dios-Hombre en la multiplicación de los peces y los panes es sencilla y directa: el espíritu humano necesita alimentarse con un menú bíblico diario y suficiente; el cuerpo, por su parte, debe recibir una dieta balanceada y agradable que le permita mantenerse en forma. Toda habitación requiere mantenimiento; y la del Espíritu Santo, con mayor razón.

Clave 10

La muerte de la muerte

> Lo que trae la muerte al ser humano es el hecho de que vive en enemistad con Dios.
> —Hermman Riderbbos

«Señor —le dijo Marta a Jesús—, si hubieras estado aquí, mi hermano no habría muerto».
(Juan 11:21)

Lázaro era un íntimo amigo de Jesús; y, al parecer, un hombre próspero que tenía su casa de habitación en Betania, pueblo equidistante entre Judea y Galilea. Cuando cruzaba de una a otra provincia, de ida y vuelta, en sus largas y penosas caminatas para realizar predicaciones y milagros, Jesús solía quedarse a pernoctar allí, en un cuarto de huéspedes que Lázaro había puesto a su total disposición.

De hecho, todos deberíamos tener en nuestra morada interior, allí donde habitamos nosotros mismos con nosotros mismos —yo conmigo, tú contigo, él consigo— un cuarto exclusivo para Jesús, donde él pueda sentirse a sus anchas.

En una de esas paradas técnicas en la casa de Lázaro, tuvo lugar el famoso episodio de María sentada a los pies del Maestro oyendo la Palabra, mientras Marta se atafagaba con los oficios domésticos (Lucas 10:38,41). Estas hermanas representan dos tipos de creyentes bien definidos en todas las épocas: los contemplativos y los operativos.

Hay quienes, por vivir orando, nunca trabajan; y quienes, por vivir trabajando, nunca oran. La vida cristiana, en todo caso, es oración en acción. Para el seguidor auténtico de Cristo, orar es trabajar y trabajar es orar. Como Charles Spurgeon lo definió precisamente:

«El que trabaja y no ora es un orgulloso,
el que ora y no trabaja es un hipócrita».

Retomemos el hilo original de este capítulo, Un buen día vienen a informarle a Jesús que su gran amigo ha enfermado en forma intempestiva. Poco después le dicen que ya ha muerto El comentario del Señor es positivo, porque él sabe que, aún en medio del luto y el dolor, Dios puede manifestarse. De hecho, lo suele hacer en forma sobresaliente cuando las circunstancias son más difíciles: «Por eso les dijo claramente: —Lázaro ha muerto, y por causa de ustedes me alegro de no haber estado allí, para que crean. Pero vamos a verlo». (Juan 11:14,15)

Pero surge el contraste inevitable. De inmediato Tomás, el aguafiestas que hacía parte del *staff* de Jesús, suelta el comentario destemplado que solo podía esperarse de un tipo como él, que bien podría ser el protagonista de la vieja tira cómica 'Nunca falta alguien así': «Entonces Tomás, apodado el Gemelo, dijo a los otros discípulos: —Vayamos también nosotros, para morir con él». (Juan 11:16)

Igual que hace siglos, hoy en día los funerales son un buen termómetro de la espiritualidad: los 'tomases' y 'tomasas' que abundan quieren acompañar al difunto hasta el más allá, pasando por alto la recomendación de los viejos españoles en su refranero, según la cual «uno debe acompañar al amigo hasta el cementerio pero no enterrarse con él».

Es reacción muy normal llorar la pérdida de un ser querido; de hecho, Jesús mismo lo hizo, como lo informa escuetamente el versículo más corto de toda la Biblia: «Jesús lloró» (Juan 11:35). Una actitud excelente es buscar el consuelo divino, como lo hace la 'operativa' Marta al salir corriendo al encuentro de Jesús; otra forma de reaccionar es no reaccionar, tal cual lo hace la 'contemplativa' María, quien se queda en casa (v. 20), auque es bueno observar que 'se pone las pilas' de inmediato cuando el Señor la manda a llamar. (vv. 28,29)

Hay predicadores que presentan a María como a la protagonista de la telenovela, la buenaza, la espiritual; y, por contraste, a Marta como a la antagonista, la que hace el papel de malvada. Falta comprensión sobre la influencia de los temperamentos en el ejercicio de la fe: evidentemente, hay cristianos más inclinados a la oración que a la acción, y viceversa, lo cual, no demerita a unos ni a otros. En este caso, nótese que Jesús no descalifica a Marta, sino toma partido de su reacción para ofrecer lecciones valiosas y recordar verdades eternas: «—Tu hermano resucitará —le dijo Jesús. —Yo sé que resucitará en la resurrección, en el día final —respondió Marta. —Yo soy la resurrección y la vida. El que cree en mí vivirá, aunque muera; y todo el que vive y cree en mí no morirá jamás. ¿Crees esto? —Sí, Señor; yo creo que tú eres el Cristo, el Hijo de Dios, el que había de venir al mundo. (Juan 11:23-27)

Marta, de tradición clásica farisea, no tiene conflictos frente al tema de la resurrección, pues ella sabe desde niña, así lo tiene grabado en su 'disco duro', que en el día final todos resucitarán. Jesús no necesita recordárselo en momentos en que ella experimenta el vacío dejado por su hermano Lázaro, el cual nada ni nadie lo podrá llenar.

La 'prueba reina' para esta gran mujer se pone de presente cuando Jesús se auto-proclama como «la resurrección y la vida». ¿Cómo puede el amigo de su hermano, que tantas veces ha dormido en casa, a quien ella le ha preparado sus platos favoritos y le ha servido una copa de vino, hacer una declaración tan increíble?

Por eso, precisamente, impacta que ella, ante una pregunta de dos palabras: «¿Crees esto?», sin siquiera pestañar, entregue una respuesta de dos palabras: «Sí, Señor»; y, de inmediato, pase a explicar la razón sencilla de ese sí. Es porque ella en su morada interior tiene reservada la alcoba VIP para el Huésped Eterno, quien es el Cristo, el Hijo de Dios, el que los profetas de su propio pueblo anunciaron que había de venir al mundo. Esa es la clave.

Al margen de la resurrección de Lázaro, que es episódica, no resisto a la piadosa tentación de mencionar, siquiera brevemente, la anécdota de Lady Hope, una aristócrata inglesa que, según tradiciones muy confiables, tuvo contacto con Charles Darwin cuando este se hallaba cerca de la muerte. ¿Qué tiene qué ver eso con el tema? Mucho, en verdad.

No hay duda de que la principal fuente de escepticismo sobre la resurrección y, más bien, punto de apoyo de la reencarnación, es la evolución, una teoría que ha originado otras teorías, pero no se la ha reconocido como ley casi dos siglos después de planteada, precisamente por falta de comprobación científica.

Nadie ha podido mostrar ningún eslabón perdido de ninguna especie a ninguna otra; y, como es notorio, cada día un mayor número de investigadores defienden el creacionismo y el diseño inteligente. Quedan pocos convencidos de la viabilidad del disparate llamado «evolucionismo cristiano», que llegó a creer en la teoría de Teilhard de Chardin, sobre una especie no derivada de otras sino autónoma, diseñada desde el principio para llegar a ser auto-conciente: el 'homínido'. El propio Darwin fue honesto al reconocer lo que él mismo llamó: Dificultades de la teoría. «Parece absurdo de todo punto —lo confieso espontáneamente— suponer que el ojo, con todas sus inimitables disposiciones para acomodar el foco a diferentes distancias, para admitir cantidad variable de luz y para la corrección de las aberraciones esférica y cromática, pudo haberse formado por selección natural... ¿esta deducción no será presuntuosa? ¿tenemos algún derecho a suponer que el Creador trabaja con fuerzas intelectuales como las del hombre?»[21a]

Ya está llegando el tiempo en que los evolucionistas serán una especie en vía de extinción. Por ahora, hay que tolerar comprensivamente a quienes siguen aferrados a su dogma con la misma actitud de los que, siglos atrás, aseguraban que la tierra era plana y estaba sostenida sobre los lomos de cuatro elefantes.

Hay cristianos de línea testaruda que niegan la autenticidad de este relato; pero otros muchos, entre ellos Richard Wurmbrandt, para citar un nombre confiable, lo dan por cierto. Me limitaré a sacar las comillas para repasar con el lector las afirmaciones de Lady Hope, autora de un folleto de amplia circulación sobre sus conversaciones con un Darwin reducido a cama por mortales achaques, y a quien el Amigo de Lázaro podía darle 'respiración boca a boca': «Él se veía turbado en gran manera. Sus dedos se retorcían nerviosamente y una

---
21. Charles Darwin, *El origen de las especies,* cap. VI, Dificultades de la teoría.

mirada de agonía apareció en su rostro mientras decía: 'Yo era un joven con ideas amorfas. Arrojé dudas, sugerencias, siempre preguntándome acerca de todo, y para mi asombro, las ideas se esparcieron como el fuego. La gente hizo de ellas una religión'. Entonces, pausó, y después de algunas palabras sobre la santidad de Dios, dijo: 'Tengo una casa de verano en el huerto, que acomoda como a treinta personas. Está por allá, señalando a través de la ventana abierta. Quiero que hables allí. ¿Les hablarás? —¿De qué les hablaré?, preguntó ella. —De Jesucristo, respondió él, y su salvación. ¿No es ese el mejor tema? Y luego quiero que cantes himnos con ellos. Si llevas a cabo la reunión a las tres en punto, esta ventana estará abierta y sabrás que estaré cantando con ustedes».[22]

(Imagino una caricatura darwiniana: Por favor, Lady Chimpancé, que se reúnan en la gruta del fondo los gorilas que quieren festejar al Gran Primate Jesús, pero que chillen bien alto para que pueda oírlos el orangután que resuella, agonizante, en su cama de piedra.)

Es una broma, claro.

A propósito, el biólogo y pastor español Antonio Cruz ha demolido completamente el ya vetusto edificio del evolucionismo en su documentada obra «Darwin no mató a Dios», que puntualiza, una a una, las inconsistencias de la que hoy es solo una teoría sobre una teoría. Nunca se olvide que ciencia es evidencia, no conjetura.[23]

---

22. Richard Wurmbrandt, *Alcanzando las alturas,* Living Sacrifice Book, 1989, p. 23 y 273.
23. Antonio Cruz, *Darwin no mató a Dios,* Editorial Vida, Miami, Florida, 2004.

El único eslabón perdido que siempre debe buscarse con esmero es el que separa a Adán-Darwin de Cristo, el mismo que la Serpiente logró extraviar en el Edén durante 'el origen de las especies': el eslabón perdido espiritual, que es el 'Homínido' Divino colgado de la cruz.

Y, a propósito de muerte y resurrección, hay quienes dudan de ambas en el caso de Jesús, lo cual crea un doble dilema: si no murió, su cuerpo era imperecedero; si no resucitó, ¿dónde están sus restos? En este caso, no hay rastros del cadáver en ninguna parte, aunque se sabe que José de Arimatea cedió el sepulcro de su propiedad para un sepelio de un muerto real. (Mateo 27:59,60).

A principios del siglo XX, investigadores británicos en Palestina ubicaron el lugar exacto, no donde Roma hace turismo con el llamado «santo sepulcro», sino en el propio monte de la Calavera, que tú puedes visitar. Debes estar preparado, eso sí, para emociones fuertes, porque a la salida de la gruta tropezarás con un letrero que dice: «Él no está aquí, Él resucitó». El apóstol Pablo considera la certeza de la resurrección como el meollo mismo de la fe cristiana: «Si no hay resurrección, entonces ni siquiera Cristo ha resucitado. Y si Cristo no ha resucitado, nuestra predicación no sirve para nada, como tampoco la fe de ustedes. Aún más, resultaríamos falsos testigos de Dios por haber testificado que Dios resucitó a Cristo, lo cual no habría sucedido, si en verdad los muertos no resucitan. Porque si los muertos no resucitan, tampoco Cristo ha resucitado». (1 Corintios 15:13-16)

No cabe duda. La clave maestra de *El Código Jesús* es el hecho terminante de que Él se levantó del sepulcro: El aplaudido novelista John Updike lo dice en un breve poema, de forma lírica y dramática por igual.

«No cometamos un error:
si resucitó del todo fue con su cuerpo;
si la disolución de las células no se revirtió,
las moléculas no se reunieron,
los aminoácidos no se reavivaron,
la Iglesia sucumbirá».[24]

Jesús es la resurrección y la vida; y, cuando estés en su presencia, él sólo te preguntará, como a Marta:

—¿Crees esto?

El deseo de mi corazón es que puedas contestar sencillamente como ella lo hizo:

—Si, Señor; yo he creído que tú eres el Cristo, el Hijo de Dios que has venido al mundo.

---

24. Philip Yancey, *El Jesús que nunca conocí*, Editorial Vida, Miami, Florida, 1996, p. 220

Clave 11

EL ALTAVOZ DEL ESPÍRITU

> Detenida está la antigua voz.
> —QUASIMODO

«Uno de ellos, llamado Caifás, que ese año era el sumo sacerdote, les dijo: —¡Ustedes no saben nada en absoluto! No entienden que les conviene más que muera un solo hombre por el pueblo, y no que perezca toda la nación». (Juan 11.49,50)

La resurrección de Lázaro no pasó inadvertida, como era apenas lógico, pero sus resultados fueron mixtos: algunos de los testigos presenciales de tan insólito suceso rindieron sus vidas a Jesús espontáneamente; pero otros, como siempre ocurre, pese a la evidencia indiscutible, se negaron a creer; y algunos de ellos, finalmente, decidieron llevar las cosas al extremo sectario:

fueron ante los fariseos con el chisme buscando perjudicar a Jesús.

Como era de esperarse, el alto clero —siempre tan celoso de sus privilegios— convoca de urgencia a una reunión de junta directiva al más alto nivel para tomar medidas al respecto. ¿Cómo se atreve este tipo, que no pertenece a la élite religiosa, a hacer milagros sin haber recibido una franquicia? Por lo tanto, se abre de oficio una causa formal contra el autor de tan grave desacato.

Sin embargo, toma asiento allí, en calidad de presidente, un personaje ilustre: don José Caifás, quien le debía su alto puesto, no a la sucesión prevista en la Ley, sino a un plumazo del gobernador Valerio Grato. En aquel tiempo, los funcionarios del Imperio Romano ponían y quitaban dignatarios religiosos según su conveniencia política. El Sumo Sacerdote era, entonces, un títere; o, para decirlo en lenguaje diplomático, un 'colaboracionista'.

Hay que reconocer, sin embargo, que el hombre había emparentado con una influyente familia sacerdotal al casarse con una hija de Anás, quien fuera designado en el alto cargo por Quirino, gobernador de Siria, y destituido en forma fulminante por el emperador Tiberio en persona. Aunque teóricamente respetaban la libertad religiosa, los romanos movían fichas en su ajedrez con gran destreza para asegurarse, en lo posible, que los asuntos espirituales de los impredecibles judíos los manejaran personas dóciles, del estilo que modernamente suele llamarse *yes man*.

Este José Caifás, por cierto, ha pasado a la historia universal por haber sido quien presidió el juicio de Jesús de Nazaret y, también, porque se hallaba presente cuando los apóstoles Pedro y Juan fueron citados por el Sanedrín y conminados severamente a no seguir predicando en el Nombre de Aquel a quien habían visto resucitado. (Hechos 4)

Siempre ha sido nociva la mezcla de política y religión a través de la historia humana. La religión y la política no deben mezclarse, sino armonizarse. En la remota antigüedad era inevitable que una sola persona se encargara de las dos funciones, de lo cual es un ejemplo obvio el personaje llamado Melquisedec, «rey de Salén y sacerdote del Dios Altísimo» (Génesis 14:18), a quien Abraham le reconoce esa doble autoridad.

Con el paso del tiempo, los patriarcas asumieron funciones sacerdotales al frente de sus familias y clanes; así como, en contexto más amplio, los caudillos ejercían como sacerdotes de toda la comunidad. La Ley de Moisés limita la profesión sacerdotal a los miembros de la tribu de Leví; y, finalmente, al establecerse el Reino, hay tres funciones claramente definidas, que no deben interferirse, sino complementarse entre si: rey, sacerdote y profeta.

El desarrollo de la monarquía en Europa trajo una alianza Iglesia-Estado en la cual el papa coronaba a los reyes, quienes escogían a los cardenales; estos, frecuentemente, ejercían funciones políticas, y no pocas veces los señores feudales eran, simultáneamente, obispos.

Desde el surgimiento de la democracia, que es la extensión política de la Reforma, las ideas capitales de Juan Calvino hacen realidad la doctrina bíblica de la igualdad de todos los seres humanos ante Dios, lo cual trae dos consecuencias: el sacerdocio universal del creyente en lo espiritual, y la separación de los poderes en lo político: ejecutivo, legislativo y judicial. Estos son la equivalencia de los antiguos oficios de rey, sacerdote y profeta.

Pese a tan clara distribución de funciones, no ha habido etapa histórica en la cual no se mezclen la política y la religión. Hoy en día, la llamada Santa Sede es un estado como cualquier otro, con asiento en organismos internacionales reconocidos; y, por otra parte, el Islam no encuentra frontera alguna entre lo religioso y lo político, porque la idea del Corán es establecer un califato mundial para Alá y Mahoma su profeta.

En América Latina, por otra parte, hay quienes desde el cristianismo hacen militancia política directa a través de partidos confesionales. Algunos realizan un buen trabajo como vigías morales; pero otros, lamentablemente, aceptan platos de lentejas, firman pactos simoníacos y terminan siendo 'idiotas útiles' de 'democrateros', populistas, caciques tropicales y tiranos.

Digamos de paso que todavía en la región se hacen esfuerzos por prolongarle la vida a través de medios artificiales a la llamada teología de la liberación; que es «un cóctel de vodka con agua bendita», según la gráfica expresión de un agudo comentarista. Objetivamente hablando, el cristianismo no es de izquierda ni de derecha, pues las manos del Crucificado se extienden hacia los dos extremos para abarcarnos a todos; la disyuntiva, sin lugar a dudas, es entre totalitarismo y democracia.

Francis Fukuyama, el autor de «El fin de la Historia», ha dicho razonablemente que existe una relación estrecha entre cristianismo y democracia estable en el mundo de hoy. No hay dudas: si somos iguales ante Dios, necesariamente somos iguales ante el estado.

Dios es demócratico por esencia porque, para él, todos los seres humanos se miden con el mismo parámetro. Por el contrario, Satanás es un tirano: esclaviza, ciega, encarcela, niega la libertad. Estuvo presente en Hitler a la derecha y en Stalin a la izquierda por igual.

En la propia religión, la iglesia es una vid y muchas ramas (democracia); las sectas, troncos aislados (totalitarismo). Por todo eso, respetando las sagradas libertades de conciencia y de examen, es necesario «cristianizar la política sin politizar el cristianismo», como bien lo dice una consigna de la Iglesia Cristiana Integral.

Valga decir que, en el caso que nos ocupa, Caifás —cuyo nombre significa 'decepción'— era un hombre comprometido por igual en lo político y en lo religioso; y, en su criterio, Jesús atacaba frontalmente los dos escenarios. Sorprende, por lo tanto, la declaración que este hombre hace, en la cual acepta, tácitamente, la muerte expiatoria de Jesucristo por la nación judía. ¿Por qué extraña razón el Sumo Sacerdote del judaísmo y virtual aliado de Roma se atreve a afirmar una cosa tan absurda?

Evidentemente, un tipo bien compuesto como Caifás no habría hecho tal afirmación estando en sus cabales. ¿Quién lo ha desquiciado? ¿De dónde proviene una idea tan descabellada? ¿Cómo puede un hombre, más tratándose de alguien tan sospechoso y fuera de orden como Jesús, echarse encima todas las responsabilidades ajenas para que nadie más sufra daño? El evangelista Juan nos da la respuesta: «Pero esto no lo dijo por su propia cuenta sino que, como era sumo sacerdote ese año, profetizó que Jesús moriría por la nación judía, y no sólo por esa nación sino también por los hijos de Dios que estaban dispersos, para congregarlos y unificarlos». (Juan 11:51,52)

Hay que prestar atención a lo que dice todo el mundo, porque Dios suele hablar por medio de las bocas más inesperadas. Cuando el profeta Balán se mostraba renuente a cumplir las instrucciones divinas, la jeta de su burra se abrió, no para rebuznar, sino para transmitirle un mensaje directo del Espíritu Santo. Fue el propio Jesús quien dijo que si los labios humanos callaran sobre él, las piedras gritarían (Lucas 19:40). Y, a propósito, ¿no han hablado las piedras a través de los siglos por medio de inscripciones?

Para Caifás, Jesús es quien muere por todos. Sin embargo, hay cristianos de dos tendencias extremas: primera, la redención limitada, en la cual, Jesús muere exclusivamente por quienes están predestinados desde toda la eternidad para la salvación; y segunda, la redención universal, que lleva al cielo a todo el mundo, incluso a quienes no creen en la redención. Mi Biblia le da la razón a Caifás: en realidad Jesús murió por todos; pero, eso sí, aclara que su sacrificio solo puede redimir a los que quieren ser redimidos y, por eso, creen en el Redentor.

Ojalá todos formásemos un 'Caifás corporativo' para aceptar esta simpleza eterna: Jesús muere por todos sin excepción. Es esta la gran verdad que entendió Par Lagerkvits en su novela «Barrabás».[25]

Un reo digno de muerte por sus crímenes es indultado mientras el inocente Jesús es condenado. Barrabás no comprende cómo es posible que Jesús vaya al cadalso en lugar suyo; y, entonces, llega a una conclusión terminante: 'Él murió por mí'.

En la perspectiva esencialmente protestante del Premio Nobel danés, Barrabás no es UN hombre, sino EL hombre, porque en él estamos representados todos los seres humanos. Adán-Barrabás es indultado en el mismo acto en que Adán-Cristo es sacrificado. Es lo que los cristianos llamamos sustitución. ¿Por qué no entendemos de una vez por todas que somos un Barrabás corporativo? ¡Esa es la clave!

En la novela comentada, cuando aquel delincuente judío llamado Barrabás vuelve a sus andanzas y es acusado de un nuevo homicidio, después de analizar sus antecedentes criminales, el Procurador lo deja en libertad con un sólido argumento jurídico: aquel que ha sido perdonado de la pena capital, nunca más puede ser condenado a ella. Una vez indultado, indultado para siempre. Eso pasó con Barrabas-Darío hace ya un cuarto de siglo. ¿Maravilloso, verdad? Caifás tiene razón: Jesús es quien muere por todos.

---

25. Par Lavervitz, *Barrabás*, Editorial Plaza y Janés, Barcelona, 1975.

Clave 12

La corona no hace al Rey

> Jesucristo es el Reino de Dios en persona.
> —Orígenes

«Pilato mandó que se pusiera sobre la cruz un letrero en el que estuviera escrito: "JESUS DE NAZARET, REY DE LOS JUDÍOS"».
(Juan 19:19)

Pocos personajes históricos han sido objeto de tantos y tan minuciosos análisis como Poncio Pilatos, quien ejerció funciones como Procurador de Judea entre los años 26 y 36. Le correspondió el gobierno de una de las provincias más difíciles del Imperio Romano y no ocultó su odio y desprecio hacia el pueblo judío.

La prueba de fuego de su magistratura fue, precisamente, el juicio de Jesús de Nazaret, en el cual lo involucraron contra su voluntad.

Ante una turba amotinada y enfurecida, se vio obligado a dialogar con los astutos miembros del Sanedrín, máxima autoridad autóctona; y, lo que es más grave, con el propio reo, que resultaba ser «un hueso duro de roer». Jesús, después de un silencio inexplicable, accede, finalmente, a cruzar unas palabras con el funcionario, que solo consiguen confundirlo más.

Pilatos está sinceramente convencido de la inocencia del acusado. Un análisis comparativo de los cuatro evangelios permite sacar algunas conclusiones sobre el desarrollo del proceso judicial y observar la forma sutil y sagaz como los dirigentes judíos van tejiendo una red en la cual cazan a Pilatos, primero, y a Jesús, después. Es inocultable que el Procurador no contaba con la astucia de los del Sanedrín, quienes lo fueron conduciendo, a empujones dialécticos, hasta colocarlo entre la espada y la pared.

La primera jugada habilidosa de Pilatos consiste en enviar a Jesús ante el rey Herodes, quien está de visita en la capital con motivo de las fiestas pascuales. Este popular personaje se desempeña como tetrarca —una especie de marioneta imperial— en la provincia de Galilea y, según elementales criterios jurídicos, él sería el funcionario indicado para presidir el juicio. Al fin y al cabo, en los archivos consta que el sindicado pertenece a esa jurisdicción, pues tiene su residencia permanente en

Nazaret. «Cuando se enteró de que pertenecía a la jurisdicción de Herodes, se lo mandó a él, ya que en aquellos días también Herodes estaba en Jerusalén». (Lucas 23:7)

La maniobra fracasa. El gobernante galileo no encuentra pie para acusar a Jesús, quien es enviado de regreso a Pilatos, pero con un detalle adicional: vestido de un manto color púrpura, como señal de burla por su pretendida condición de 'rey'. El único saldo político favorable de este episodio fue la reconciliación entre Pilatos y Herodes, quienes se hallaban seriamente distanciados hasta ese día. «Anteriormente, Herodes y Pilato no se llevaban bien, pero ese mismo día se hicieron amigos». (Lucas 23:12)

Pero la cosa no se detiene, la muchedumbre crece, la presión es mayor cada minuto. El recursivo procurador intenta, entonces, otra salida: «haciendo de tripas corazón», se aparece a los balcones de su oficina y trata de persuadir a los manifestantes con argumentos aparentemente lógicos:

—He realizado un interrogatorio público a este hombre y no encuentro solidez en las acusaciones que le hacen. Talvez solo le tienen envidia, pues es obvio que no ha cometido ningún crimen. Por lo tanto, ordenaré que lo azoten conforme a la costumbre romana y lo dejaré en libertad. (vv. 14,16)

Esta nueva jugada falla. Los dirigentes religiosos se han infiltrado entre las masas, incitándolas contra Jesús. Coros destemplados gritan agresivas consignas. El ambiente se torna explosivo. Pilatos acude a su arsenal de recursos, que parece interminable. De pronto, mientras piensa la siguiente movida, llega un sirviente y le entrega, por debajo de la mesa, un pequeño recado, que mira de soslayo. Es de su mujer, quien ha tenido pesadillas por causa de Jesús, y le suplica que no se meta con él. «Mientras Pilato estaba sentado en el tribunal, su esposa le envió el siguiente recado: "No te metas con ese justo, pues por causa de él, hoy he sufrido mucho en un sueño"». (Mateo 27:19)

Ahora sí de veras preocupado, el funcionario imperial decide hacer un 'enroque' dentro de la partida de ajedrez que se juega en el tablero de la historia. Con motivo de las fiestas era costumbre dejar en libertad a un preso para congraciarse con el populacho. Pilatos se juega, entonces, la carta de Barrabás, un sedicioso contra Roma, ladrón y asesino. ¡Ya está! Cuando los ponga a escoger entre este criminal y Jesús, la elección será obvia: siendo Jesús inocente a todas luces, Barrabás irá a la cruz. Adicionalmente, no será necesario reconocer la inocencia del Nazareno, solo se le dará un indulto.

Nuevo fracaso político del Procurador. Las gentes están cegadas por el odio, no hay negociación posible, quieren a Jesús a toda costa. Barrabás es mirado, incluso, como una buena persona al compararlo con aquel catalizador de la ira colectiva llamado Jesús de Nazaret, en quien el Procurador no encuentra falta alguna. «Pero los jefes de los sacerdotes y los ancianos persuadieron a la multitud a que le pidiera a Pilato soltar a Barrabás y ejecutar a Jesús. —¿A cuál de los dos quieren que les suelte?

—preguntó el gobernador. —A Barrabás. —¿Y qué voy a hacer con Jesús, al que llaman Cristo? —¡Crucifícalo! —respondieron todos». (Mateo 27:20-22)

Tiene lugar entonces uno de los actos teatrales más famosos de la historia universal: el funcionario que encarna la majestad de Roma ordena que le traigan un platón y una jofaina y, aparatosamente, a la vista de la multitud enardecida, se lava las manos; luego, mientras se las seca con una toalla, hace la solemne declaración: «Soy inocente de la sangre de este hombre» (Mateo 27:24).

Pilatos se vio en medio de un fuego cruzado: por una parte, Roma respetaba los sistemas espirituales de los pueblos sometidos a su dominio, y el juicio contra Jesús tenía un carácter religioso; por otra, los astutos fariseos y miembros del clero subrayaron el detalle de que Jesús, al proclamarse rey, desconocía la autoridad del César. En tales condiciones, a Pilatos le hacían la jugada del tahúr que, en el cuento antioqueño, lanza la moneda al espacio mientras dice: —Con cara gano y con sello pierde usted.

Grandes preguntas quedan en el aire después de la ambigua actuación del Procurador: ¿Por qué un funcionario que odia a los judíos, defiende a Jesús, que es solo un judío más? ¿Por qué no usó su autoridad inapelable para dictar sentencia a favor de aquel reo? ¡Misterio!

Francamente yo creo que Pilatos no es UN hombre, sino EL hombre. Todos somos un Pilatos corporativo. Su actuación ambivalente es la de cualquier ser humano que se enfrenta a Jesús. Sencillamente no sabe qué hacer con él. Solo preguntarle, como un sonámbulo escéptico: «Y ¿qué cosa es la verdad?» —Necio, tienes la Verdad frente a ti, de cuerpo entero.

Como un eco del inconciente colectivo, aquel magistrado percibe instintivamente que si Jesús no va a la cruz, Adán-Pilatos mismo tendrá que responder por sus pecados. Lavarse las manos es una forma de limpieza exterior, pero simboliza la necesidad de limpieza interior. Proclamar de labios para afuera una inocencia personal, no lo exonera de su culpabilidad intrínseca.

Pilatos sigue sucio por dentro, aunque se haya lavado por fuera. ¡Qué insufrible paradoja! Su acción lo hace culpable de lo mismo que se declara inocente. Todos somos Pilatos: pretendemos lavarnos las manos para declarar nuestra inocencia por la muerte de Jesús, sin darnos cuenta de que es nuestra culpabilidad la que precisamente la produce.

A lo largo del juicio, Pilatos actúa como un altoparlante del inconciente colectivo. Cuando finalmente presenta al reo ante la multitud y dice: *Ecce homo*, utiliza un sustantivo colectivo genérico. Obsérvese que no dice: He aquí UN hombre, o ESTE hombre en particular; sino, expresamente: EL hombre, todo EL hombre, la especie humana, el Adán. Sin darse cuenta, Pilatos identifica en Jesús a todos los hombres. En su escueta presentación pública, Adán es Jesús y Jesús es Adán.

No olvidemos que Pilatos fue complaciente con los amigos de Jesús, cuando José de Arimatea le pidió el cadáver para darle sepultura; pero, también, con sus enemigos, cuando los sacerdotes y los fariseos le solicitaron una guardia especial para custodiar el sepulcro, a fin de evitar un fraude respecto a la anunciada resurrección del Crucificado. (Mateo 27:57,66)

A propósito, mientras redacto este libro, se anuncia ostentosamente 'La tumba de Jesucristo', un documental sensacionalista que toma como base el descubrimiento —¡hace ya veinticinco años!— de unos sepulcros a inmediaciones de Jerusalén, con inscripciones de nombres bien conocidos: José, María, Jesús, Judas. El nuevo cuento no es creíble por varias razones:

Al igual que sucede hoy con los mausoleos, en aquel tiempo resultaba costoso para una familia —y la de Jesús era muy pobre— adquirir una cripta funeraria de uso exclusivo para sus miembros. Por otra parte, ¿tendría sentido que personas residentes en la provincia de Galilea adquirieran un sitio de sepultura familiar en la lejana ciudad de Jerusalén? En tales condiciones, cada vez que muriera un pariente, había que llevar el cadáver en una carreta tirada por animales y hacer varias paradas en el camino bajo un sol canicular. ¿Poco práctico, verdad?

Los nombres Jesús, José, María y Judas eran muy populares entre los judíos de la época. Los había por miles. Para citar algunos ejemplos, sabemos de un Jesús, llamado el Justo, amigo de San Pablo, y un tal Bar-Jesús, falso profeta. Judas se llamaban incontables caballeros aparte del Iscariote: un hermano de Jesús, un hermano de Jacobo, Judas el Galileo, Judas de Damasco, Judas

Barsabás, etc. José tenía, entre muchos famosos tocayos, a José de Arimatea y a José Caifás, el mismísimo Sumo Sacerdote. Las Marías abundaban: aparte de la virgen, eran notorias sus contemporáneas María madre de Jacobo, María Magdalena, María de Betania, María madre de Marcos, etc.

Finalmente, los análisis de ADN que menciona el documental no prueban nada; si acaso, que algunos de los restos tienen afinidades entre sí, pero ese dato no les da credibilidad en cuanto a la identidad que se les atribuye. Por todo ello, y mucho más, reconocidas autoridades del Estado de Israel dijeron de inmediato que la probabilidad histórica y científica del 'descubrimiento' es CERO.

Permítanme una anécdota personal. Hace algún tiempo fui sorprendido por varias llamadas urgentes a mi teléfono a altas horas de la noche. ¿El motivo? La radio y la televisión estaban informando en boletines extras que Darío Silva había sufrido un grave accidente a consecuencia del cual perdió una pierna. Yo estaba cómodamente instalado debajo de mis cobijas y, por un momento, pensé que tenía una pesadilla.

La cosa se aclaró finalmente cuando encendí la tele y supe que se trataba del famoso futbolista uruguayo del mismo nombre. Espero que, dentro de dos mil años, mis biógrafos no confundan mi tumba y afirmen que yo era realmente deportista y no predicador y que mi patria no fue Colombia sino Uruguay.

Es una broma, claro.

Volviendo a lo serio, nadie sabe a ciencia cierta qué pasó con Pilatos. Es cierto que Tiberio lo llamó a Roma para que diera cuenta de sus actos de violencia contra los judíos, pero se ignora cuál fue su fin. Se ha escrito que murió por suicidio y, también, que se convirtió en mártir del cristianismo, pero ninguna de las dos versiones ha sido comprobada. No pocos psicólogos, politólogos y sociólogos se han llenado de perplejidad ante lo complejo de su carácter. J. Garofalo lo define así: «Pilatos se ha convertido en un símbolo de vileza, pero quizás es, por encima de todo, la víctima más ilustre de la política».[26]

Lo más impactante en la actuación del Procurador romano de Judea es su orden de colocar sobre la cabeza de Jesús, en el madero, el famoso *INRI*, un rústico pero solemne letrero escrito en arameo, latín y griego: 'JESUS DE NAZARET, REY DE LOS JUDIOS', que provocó airadas protestas del clero oficial y los fariseos, flor y nata de la sociedad judía.

Cuando le hacen el reclamo y le ruegan: —No escribas: 'Rey de los judíos', otra vez Pilatos actúa como un autómata, un títere, un robot; e, impulsado por una fuerza desconocida e incontrolable, se niega a borrar el INRI. «Lo que he escrito, escrito se queda», parece una frase presuntuosa de quien ha sido un juguete de sus súbditos en el extraño juicio que acaba de cumplirse (Juan 19.19,22). Pero no es así, se trata de una declaración solemne e irrevocable: Jesús Nazareno ES el rey de

---

26. J. Garofalo, *Pilatos,* Diccionario Literario Montaner y Simón, Barcelona, 1967. Tomo XI, p. 751

los judíos. ¿Un rey sin corona? No, un Rey coronado de espinas. ¡Esa es la clave!

Sé que suena atrevido, pero aquí encontramos una curiosa declaración de fe de Pilatos. Él está afirmando de manera clara y radical que Jesús es Rey. Por favor, nunca olviden que quien habla es un alto funcionario del Imperio Romano que consideraba al César la máxima autoridad de todas las provincias bajo su régimen. ¿No se exponía el Procurador a ser señalado como traidor a la patria al reconocer a un rey que no era su idolatrado César? ¡Qué interesante! El representante del más grande poder mundial se ha unido a los coros angélicos que proclaman la majestad del Rey de los reyes.

Clave 13

¿Puede un hombre ser Dios?

> Ser nada más
> y basta.
> —Jorge Guillén

«Toda la plenitud de la divinidad habita en forma corporal en Cristo». (Colosenses 2:9)

A estas alturas sería conveniente preguntar: ¿Quién es san Pablo? Mucha gente se equivoca respecto al llamado 'apóstol de los gentiles', un hombre nacido y criado en ambiente distinto al propio del grupo apostólico original de Jesucristo. Él no es un rústico, ni un pastor de ovejas, ni un pescador; sino, por contraste, un intelectual, un erudito, versado en la filosofía griega y el derecho romano.

Su padre, un rabino educado de la diáspora, lo envió a estudiar teología en Jerusalén, donde el rector del seminario era nada menos que el doctor Gamaliel, quien lo enseñó a dominar al pie de la letra las Sagradas Escrituras. Además, por línea materna, pertenecía a una familia de prestamistas de dinero, que entonces llamaban usureros, y hoy nombramos, pomposamente, banqueros.

Pablo fue un tipo que nació 'globalizado', si nos atenemos a la concepción de moda. Veamos: era judío, ciudadano romano, nacido en la parte griega del imperio, pero en lo que hoy llamamos Turquía; y, como si faltara, en una provincia limítrofe con Persia. Para completar el cuadro, su ciudad era Tarso, un centro vial donde se cruzaban todos los idiomas y dialectos, sistemas políticos, filosóficos, religiosos, científicos, comerciales y militares del imperio.

Este judeo-romano-greco-turco-persa tenía claro, por eso mismo, lo que se llamaba, ya entonces, 'cosmovisión'. Por eso, se interesaba vivamente en países tales como Macedonia, patria del globalizador Alejandro Magno, y España, puente geográfico intercontinental que siglos después se utilizaría para descubrir un Nuevo Mundo.

Para Saulo de Tarso, la cultura jurídica y filosófica greco-romana y la religión judaica podían llegar a un acuerdo. De hecho, sin renunciar jamás a sus convicciones espirituales, se movía como pez dentro del agua en la lógica y la dialéctica y dominaba los intríngulis de la legislación romana, aparte de defenderse bien en varias lenguas del Mediterráneo.

En algunas de sus intervenciones como líder cristiano citó a Epiménides (Hechos 17:28a y Tito 1.12) y a Arato (Hechos 17:28b) e hizo uso de la teología popular helenística (Romanos 1:20), porque había entendido, desde el principio, que no hay una cultura cristiana, sino una doctrina cristiana para todas las culturas. Gracias a Pablo muchos percibieron que los mitos paganos eran, en muchos casos, deformaciones y caricaturas de la religión verdadera.

La divinidad de Jesucristo es un punto neurálgico para la fe. El apóstol Juan, 'helenizado' tras algunos escritos paulinos, usa en forma directa la palabra *logos* en referencia a Jesucristo. Fue precisamente el filósofo Heráclito quien, por primera vez habló del *logos* para definir los patrones de la armonía cósmica en medio de los cambios continuos. Siglos más tarde, Filón de Alejandría, émulo judío de Platón, afirmaba que el *logos* era aquello que la literatura hebrea llamaba escuetamente 'sabiduría'.

La palabra española Verbo es insuficiente para traducir el concepto de Logos, mucho más en relación a Jesucristo. Lo que abarca la amplia acepción de Logos es la lógica de Dios, esa armonía que hace que todo sea posible y se sostenga. Talvez nos parezca exagerada la versión de Gordon Clark del evangelio de Juan en estos términos: «En el principio era la lógica, y la lógica era con Dios y la lógica era Dios»; pero es que, finalmente, lógica viene de *logos* que no es sólo palabra sino, también, acción creadora continua y razón de ser de lo que es.

Los padres de la iglesia fueron muy audaces en sus concepciones sobre el Logos. Atenágoras no vacila en llamarlo «el entendimiento y la razón de Dios». Ireneo de Lyon, por su parte, lo define como «el principio que piensa». Orígenes es más radical y lo entiende como 'razón' porque, según explica, el Cristo «nos quita todo lo que es irracional y nos hace verdaderamente razonables». El investigador español Alfonso Ropero ha realizado una compilación del pensamiento de Justino Mártir, y en ella encuentro cosas sorprendentes: «...Todos los escritores llaman Dios al "Padre de los hombres y los dioses". Y si afirmamos que el Verbo de Dios fue engendrado de Dios de un modo singular y distinto de la creación común, creed que eso es análogo a la afirmación de los que dicen que Mercurio-Hermes es Verbo y mediador de parte de Dios». «Afirmamos que nació de una virgen, pero pensad que esto le es común con Perseo. Y si decimos que devolvió la salud a los cojos, a los paralíticos y a los que eran inútiles de nacimiento, parecerá que decimos cosas semejantes a las que se dicen realizadas por Esculapio»[27]

No cabe duda, entonces: la tradición oral propia de la religión de los patriarcas, transmitida de generación en generación, iba sufriendo adaptaciones culturales que desembocaron en las mitologías y, a través de las fábulas paganas, se les atribuyó a personajes históricos algunas de las características del verdadero Hijo de Dios

---

27. Alfonso Ropero, *Lo mejor de Justino Mártir*, Grandes autores de la fe, Editorial Clie, Barcelona, 2004, p. 84

que vendría finalmente para cumplir las ancestrales expectativas de todos los hombres en todos los lugares y en todas las épocas anteriores a la encarnación. Desde tiempos inmemoriales se ha esperado a un redentor de la humanidad, hijo de Dios, nacido de una mujer virgen; y, por errores de apreciación, se lo ha identificado con algún personaje histórico determinado. Paul Tillich, el teólogo-frontera entre la modernidad y la posmodernidad, observa precisamente: «Las diferentes formas que ha revestido la búsqueda del Nuevo Ser desembocan finalmente en Jesús como el Cristo».

Dentro del complejo panorama del primer siglo, fue una ventaja para la naciente cristiandad que ese singular personaje llamado Pablo de Tarso pudiera conciliar en sus afectos y convicciones al judaísmo como poder espiritual y el imperio romano como poder político. Al ser acusado por los judíos, invocó de inmediato, con el pasaporte a la vista, su ciudadanía romana, de la cual él se sentía orgulloso. Era hasta cierto punto natural que un hombre de las características descritas reaccionara violentamente contra los cristianos, ya que estos amenazaban por igual al judaísmo en lo espiritual y al imperio romano en lo político.

Un médico e historiador de Antioquía, de nombre Lucas, escritor excelente y amigo íntimo del sanguinario personaje, describe bien las acciones de éste, en su documentado relato *Hechos de los Apóstoles*. Allí leemos en detalle un reportaje sobre el apedreamiento de Esteban, protomártir de la fe cristiana, y nos enteramos de que

Saulo de Tarso en persona estaba al frente del asunto. Organizador de grupos que hoy llamarían 'paramilitares', el hombre hizo estragos contra los indefensos seguidores de Jesús: «Saulo, por su parte, causaba estragos en la iglesia: entrando de casa en casa, arrastraba a hombres y mujeres y los metía en la cárcel». (Hechos 8:3)

Después de una emboscada que el Señor mismo le tendió en el camino de Damasco, Pablo pasó de perseguidor a perseguido y aún sus enemigos, que son legión por el mundo entero y en todas las épocas históricas, se preguntan, llenos de asombro: ¿Qué lo hizo cambiar? ¿Cómo puede alguien pasarse instantáneamente de un bando a otro, conociendo las consecuencias que él mismo ha desencadenado de antemano?

El propio Adán-Pablo trata de explicar lo inexplicable y no viene al caso narrar su encuentro personal con Jesucristo en la carretera, el resplandor celestial que lo ciega, la voz que le habla, su bautismo y todo lo relativo a su llamado específico para montar la más grande empresa de la historia universal. Eso es verdad sabida.

Lo cierto es que este 'genio religioso', como en general se lo considera, trae la pieza que ensambla finalmente el rompecabezas de Jesucristo para todas las naciones de la tierra. Es, de hecho, el sistematizador de la doctrina cristiana. Agustín de Hipona, al reconocer la excelencia del apóstol de los gentiles y lo colosal de su obra, se bromea con Jesucristo y le pregunta confianzudamente:

—Perdóname, Señor, pero ¿qué sería de ti sin Pablo?

Jeff Caligury ha llegado a afirmar que, así no se hubiera hecho cristiano, Pablo sería, de todos modos, una de los personajes más sobresalientes de la historia.[28] Paul Jonson, por su parte, no vacila en calificarlo como la figura más importante de la humanidad en los últimos dos mil años. Desde la otra orilla, Rosemberg lo llama «morboso chiflado», y Nietzsche lo califica de «perverso rabino».

En medio de lo mucho y excelente que Pablo nos ha legado, lo más sorprendente es su declaración terminante de que Jesucristo es Dios. ¿Puede un judío llamar Dios a un hombre? No, ello es contrario a la estructura misma de su fe. ¡Blasfemia pura! Los griegos y los romanos, por su parte, endiosaron a hombres; y, curiosamente, ni el propio Pablo y su *partner* Bernabé se escaparon de ello: «Al ver lo que Pablo había hecho, la gente comenzó a gritar en el idioma de Licaonia: —¡Los dioses han tomado forma humana y han venido a visitarnos! A Bernabé lo llamaban Zeus, y a Pablo, Hermes, porque era el que dirigía la palabra. El sacerdote de Zeus, el dios cuyo templo estaba a las afueras de la ciudad, llevó toros y guirnaldas a las puertas y, con toda la multitud, quería ofrecerles sacrificios. Al enterarse de esto los apóstoles Bernabé y Pablo, se rasgaron la ropa y se lanzaron por entre la multitud, gritando: —Señores, ¿por qué hacen esto? Nosotros también somos hombres mortales como ustedes. Las buenas nuevas que les anunciamos es que

---

28. Al respecto puede leerse de Jeff Caligury su libro, *Claves del liderazgo del San Pablo*, Editorial Peniel, 2005

dejen estas cosas sin valor y se vuelvan al Dios viviente, que hizo el cielo, la tierra, el mar y todo lo que hay en ellos». (Hechos 14:11-15)

Causa perplejidad que un personaje de tan elevada talla, capaz de alternar con los filósofos epicúreos y estoicos en ese centro cultural de alto nivel que era el Areópago, pueda decir con toda naturalidad que en un humilde carpintero que había nacido en un pesebre habita corporalmente la plenitud de El Gran Quién Sabe, el Ser Infinito y Eterno que para los griegos es «el Dios no conocido». (Hechos 17:23)

Los antiguos, sin duda, habían tenido atisbos de tal portento, como ya lo hemos analizado, pero se requería mucho más que una mente aguda para establecer la conexión misteriosa judeo-greco-romana que desemboca finalmente en la Civilización Cristiana Occidental. Se necesitaba un predestinado: «Sin embargo, Dios me había apartado desde el vientre de mi madre». (Gálatas 1:15a)

«Toda la plenitud de la divinidad habita en forma corporal en Cristo» es la afirmación definitiva. El Creador se ha rebajado a criatura, Dios ha tomado condición de hombre. Toda la plenitud de Dios está en ese muchacho de Nazaret. Él es el «Logos», la lógica divina que crea y sustenta todo lo que existe, solo que se ha vestido provisionalmente con un overol de carpintero. Esa es la clave.

Por cierto, en Roma los emperadores eran declarados 'dioses' por medio del solemne acto público llamado Apoteosis (deificación), durante la cual se entonaba un resonante himno en honor del nuevo 'dios'. Pablo redondea el tema de la deidad de Cristo precisamente con un himno de estilo apoteósico:

> «Él es la imagen del Dios invisible,
> el primogénito de toda creación,
> porque por medio de él fueron creadas
> todas las cosas
> en el cielo y en la tierra, visibles e invisibles,
> sean tronos, poderes, principados o autoridades:
> todo ha sido creado por medio de él y para él.
> Él es anterior a todas las cosas,
> que por medio de él forman un todo coherente.
> Él es la cabeza del cuerpo, que es la iglesia.
> Él es el principio,
> el primogénito de la resurrección,
> para ser en todo el primero.
> Porque a Dios le agradó habitar en él con toda su
> plenitud
> y, por medio de él, reconciliar consigo todas las
> cosas,
> tanto las que están en la tierra como las que
> están en el cielo,
> haciendo la paz mediante la sangre
> que derramó en la cruz». (Colosenses 1:15,20)

La llamada 'nueva era' enseña la divinidad del hombre, idea inaugurada por la serpiente antigua en el Edén, al prometerles a Adán y Eva: «Serán como Dios».

(Génesis 3:5) Pero el simple sentido común dice: si es Dios no es hombre, si es hombre no es Dios. El 'fuera de serie' Pablo protestó cuando quisieron adorarlo como a un dios; él mismo reconoce que hay muchos llamados dioses en la tierra y en el cielo (1 Corintios 8:5,6); y declara que, en realidad, hay un solo Dios y Padre que habita corporalmente en Jesús de Nazaret.

¿Puede un hombre ser Dios? Claramente no.

Pero Dios sí pudo ser UN hombre cuando quiso ser EL hombre.

Clave 14

¿QUIÉN ES JESÚS PARA JESÚS?

No hay nombre apropiado
para EL QUE ES.
—FILÓN

«Por eso les he dicho que morirán en sus pecados, pues si no creen que yo soy el que afirmo ser, en sus pecados morirán». (Juan 8:24)

La forma como nos vemos a nosotros mismos es muy importante. La personalidad se afianza cuando uno, a través de la autoestima dada por el Espíritu Santo, tiene consciencia de quién es en realidad; por el contrario, la falsa humildad lo lleva a menospreciarse a sí mismo, y eso lo limita severamente para la acción.

¿Ser humilde es, acaso, olvidarse del propio valor personal? ¡En absoluto! Humildad no es minusvalorarse a sí mismo; sino, equitativamente, permanecer en el nivel de lo que se es, ni más arriba (orgullo), ni más abajo (complejo de inferioridad). Kempis, el gran asceta holandés de la Edad Media, en su inimitable 'Imitación de Jesucristo', puso las cosas en el justo punto:

«No soy más porque me elogien,
ni menos porque me vituperen;
lo que soy, eso soy».

El filósofo griego aconsejaba, muy acertadamente, «conócete a ti mismo». Lo que comúnmente se llama 'amor propio' no es ilegítimo, aunque pueda resultar peligroso si se desborda. El gran boxeador Cassius Clay, quien 'tiró la toalla' al apostatar del cristianismo y pasarse al Islam bajo el nombre de Mohamed Alí, solía vociferar a pulmón lleno, golpeándose el pecho desnudo con los guantes ante el *close up* de las cámaras:

«Soy el más grande,
soy el más fuerte,
soy el mejor».

Toda su prepotencia fue flor de un día. El colosal narcisismo del gran as del cuadrilátero cayó a la lona bajo el severo K. O. del mal de Parkinson. Como Paul Tillich lo define, el *self love* es, en realidad, «auto-aceptación paradójica»; en otras palabras, me amo —es decir, me acepto a mí mismo—, a pesar de los motivos que tengo para odiarme.

En mis tiempos de inconverso, cuando me asomaba al espejo exterior de vez en cuando, como Narciso a la fuente Castalia, me conocía menos pero me amaba más con esa común forma de auto-amor que es la 'egolatría'. Desde que soy cristiano, me asomo al espejo interior todos los días, bajo la luz del Espíritu Santo; y, aunque me conozco un poco más, me sorprendo de lo mucho que me falta conocerme, pero me acepto en la medida en que Dios me acepta como soy porque me ama. Y entonces, me amo a mí mismo para poder amar a los demás con mi amor propio que ahora nace del amor de Dios.

Sigmund Freud, quien mira al ser humano como un simple animal (*psíquico* en griego), se sorprende del mandamiento «ama a tu prójimo como a ti mismo», que le parece antinatural. Para el padre del psicoanálisis lo lógico sería decir: «ama a tu prójimo como tu prójimo te ama a ti». Ello nos colocaría en la penosa situación de odiarnos los unos a los otros sin remedio.

Habiendo ya descifrado la pieza del código según la cual el humilde carpintero de Nazaret es Dios, este capítulo no tiene sentido. ¿Quién es Jesús para Jesús? parece una pregunta tonta; porque, si Dios no se conociera a sí mismo no sería Dios. Es más que obvio que Dios necesariamente ha de conocerse a sí mismo, de lo contrario dejaría de ser Dios. Él es el omnisciente, todo lo sabe y todo lo conoce: lo real, lo pasado, lo presente, lo futuro, lo posible, lo imposible y lo humanamente incomprensible. Por eso, precisamente, es Dios. En esencia es Dios porque sabe que lo es, se conoce a sí mismo como nadie más lo puede conocer.

Ahora bien, que un erudito como Pablo de Tarso afirme sin titubeos que el exótico Carpintero de Nazaret es Dios mismo (todo Dios empaquetado en un frágil *container* humano) constituye una sorpresa descomunal. Pensemos ahora, por un momento, lo que significa que el propio Carpintero, sin vacilaciones ni reservas, tenga la osadía de decir que él es Dios mismo, el Rey del universo, el Señor de la creación, Aquel a quien nadie se atreve a nombrar. ¡El Gran Quién Sabe! ¿Puede alguien hacer una declaración de tal naturaleza y pretender quedar impune entre judíos? ¡Oh, no, eso nunca! Pues bien, leamos lo que la Biblia misma nos informa: «El Padre y yo somos uno». (Juan10:30)

¿Puede Jesús ser su propio Padre? Es aquí donde toman pie algunos sofistas modernos, tan relativistas y escépticos como sus antepasados clásicos, para arrojar el manto de la duda. Ciertamente es absurdo que alguien pretenda ser hijo y padre en la misma persona al mismo tiempo. Eres lo uno o eres lo otro, pero no puedes ser lo otro y lo uno simultáneamente. No hay criatura capaz de engendrarse a sí misma, ni de originar a su propio padre; pues, en tal caso, el hijo sería padre del padre y el padre sería hijo del hijo. ¿De qué manera puede demostrar Jesús que el Padre y Él son uno? Dos no pueden ser uno ni uno puede ser dos.

(En este punto, alguien, seguramente, invocará la conocida imagen bíblica de la unidad del hombre y la mujer en el matrimonio, que yo creo radicalmente; sin embargo, no se pase por alto que los cónyuges siguen teniendo cada uno su personalidad definida y separada. Se trata, de lo que el poeta checo Rainer María Rilke, definió bellamente como la «soledad compartida», que se produce cuando «dos soledades mutuamente se toleran, se limitan y se reverencian»).

Retomemos el hilo de nuestra clave. Pese a lo inaceptable de la afirmación, es desconcertante que Jesús la repita a cada paso. Felipe, uno de los miembros de su *staff*, tenía la confianza suficiente para hacerle preguntas difíciles; pues bien, un día sostuvo con el Maestro un diálogo que ratifica la sorprendente pretensión del Nazareno de ser igual al Padre: «—Señor —dijo Felipe—, muéstranos al Padre y con eso nos basta. —¡Pero, Felipe! ¿Tanto tiempo llevo ya entre ustedes, y todavía no me conoces? El que me ha visto a mí, ha visto al Padre. ¿Cómo puedes decirme: "Muéstranos al Padre"?». (Juan 14:8,9)

Existe una clave antigua que aumenta la perplejidad. Isaías, el profeta mesiánico por antonomasia, hace un anuncio completamente fuera de contexto lógico, pero que encuentra su consonancia perfecta, siete siglos más tarde, en las afirmaciones de Jesús de Nazaret. Veamos «Porque nos ha nacido un niño, se nos ha concedido un hijo; la soberanía reposará sobre sus hombros, y se le darán estos nombres: Consejero admirable, Dios fuerte, Padre eterno, Príncipe de paz». (Isaías 9:6)

Hay dos expresiones terminantes sobre el niño que nace (naturaleza humana) y el Hijo que es concedido (naturaleza divina y, por ende, preexistente). La primera es 'Dios fuerte', que indica, sin sombra de dudas, que el Niño-Hijo prometido en la profecía es Dios mismo en una persona humana. La segunda es, precisamente, 'Padre eterno'. Cabría preguntar, haciendo el papel de sofista abogado del diablo: ¿Cómo puede este Niño-Hijo, aún siendo el 'Dios fuerte', ser su propio 'Padre eterno'?

La estupefacción aumenta cuando el apóstol San Pablo, quien ya ha dicho dogmáticamente que el Carpintero de Nazaret es Dios, al referirse al ministerio del Espíritu Santo, no vacila en afirmar, con su estilo tajante, que el Señor es el Espíritu mismo. En código paulino, Señor (*kyrios*) es Jesucristo. «Ahora bien, el Señor es el Espíritu; y donde está el Espíritu del Señor, allí hay libertad». (2 Corintios 3:17)

Resulta muy perturbador el solo pensar que el Hijo pueda ser el Padre; pero es ya para enloquecerse el imaginar al Hijo como el Espíritu. Aquí viene en nuestro auxilio alguien poco ortodoxo, el pastor Guillermo Federico Hegel, de cuyo sistema dialéctico se han valido tantos para lo bueno y para lo malo, para construir y para demoler, para afirmar y para negar. Esta «perla en la ostra» del re-pensador alemán arroja un haz potente de luz sobre el misterio de la Trinidad:

«El Padre es Dios en sí mismo,
el Hijo es Dios objetivándose a sí mismo,
el Espíritu Santo es Dios volviendo a sí mismo».

Ahora las cosas empiezan a aclararse: Dios es uno en esencia (el ser en sí), pero trino en subsistencia (el ser en actividad). De hecho, una observación más o menos minuciosa del universo, las criaturas y sus componentes, tiempos, espacios y estados, nos permite percibir atisbos y proyecciones de la Trinidad. He aquí algunas de tales sugerencias creativas del Creador:

Trinidad humana: Espíritu, alma y cuerpo.

Trinidad lumínica: Rayos invisibles, rayos visibles y rayos sentidos.

Trinidad atómica: Protón, electrón y neutrón.

Trinidad espacial: Longitud, latitud y altura.

Trinidad temporal: Pasado, presente y futuro.

Trinidad ovípara: Cáscara, clara y yema

Trinidad vegetal: Raíz, árbol y fruto.

Trinidad frutal: Corteza, pulpa y savia.

Trinidad corporal: Cabeza, tronco y extremidades.

Trinidad orgánica: Órganos ectodermo, mesodermo y endodermo.

Trinidad psíquica: Mente, emociones y voluntad.

Trinidad familiar: Padre, madre, hijo.

Trinidad natural: Reinos animal, vegetal y mineral.

Trinidad gramatical: Sustantivo, verbo y participio.

Trinidad pronominal: Yo, tú, él.

Trinidad geométrica: Triángulo.

Trinidad triangular: Equilátero, escaleno e isósceles.

Trinidad acuática: Sólido, líquido y gaseoso.

(En este último caso, la esencia es la misma: H_2O, según su fórmula química, pero cambia la subsistencia: el iceberg, el río y la niebla son agua manifestada de tres modos distintos).

Sin embargo, debo decir que ninguno de estos esfuerzos intelectuales define la Trinidad de Dios, que es indefinible; se trata, únicamente, de torpes aproximaciones al tema para ayudarnos en nuestra humana limitación. Yo creo radicalmente en la Trinidad porque mi corazón, instrumento de la fe, la discierne sin apoyarse en la razón de mi mente, instrumento de la duda. Pero hay razonamientos que me auxilian:

LÓGICA —Dios es el silogismo eterno: el Padre es tesis, el Hijo es antítesis, el Espíritu Santo es síntesis.

GRAMÁTICA —Dios es el gran Yo-Tu-Él, el eterno pronombre: el Padre es Yo, el Hijo es Tú, el Espíritu Santo es Él.

CARIDAD —Dios es el ágape eterno: el Padre es el amante, el Hijo es el amado, el Espíritu Santo es el amor.

En lo personal, yo soy Darío, uno en esencia, mi ser en mí mismo, pero trino en subsistencia: espíritu, alma y cuerpo; y, aunque mi espíritu, mi alma y mi cuerpo son diferentes entre sí, soy un solo Darío, una trinidad humana a imagen y semejanza de mi Dios, que es la Trinidad divina.

Ahora bien: si Dios es trino en subsistencia (Padre, Hijo y Espíritu) pero uno en esencia, bien puede el Hijo decir que es uno con el Padre y bien puede afirmarse que el Señor —es decir, el Hijo— es el Espíritu.

El gran deseo del hombre ha sido, a través de las edades, ver a Dios. Nadie ha podido hacerlo en realidad y, cuando la Biblia misma informa sobre visiones de Dios, lo hace en sentido figurado. Las llamadas 'teofanías' no son apariciones materiales de Dios; si no, más bien, misteriosas proyecciones que Él hace de alguna manera —transmisiones vía satélite, hologramas, iconos cibernéticos qué se yo— generalmente a través de ángeles; pero nunca, eso es seguro, somatizaciones del propio Dios.

Ahora bien, aunque los espíritus no tienen formas físicas, los ángeles y los demonios las asumen a veces, fenómeno del cual hay abundantes testimonios antiguos y contemporáneos. Sin embargo, Dios mismo no lo hace porque Él es el Espíritu que habita en luz inaccesible.

Durante la Edad Media, los místicos buscaron lo que se llamaba el *sumum bonum*, es decir, el bien supremo, que para ellos era, precisamente, ver a Dios. Sabían que la 'visión beatífica' estaba reservada exclusivamente para los limpios de corazón, según el propio Jesús lo había enseñado en las Bienaventuranzas (Mateo 5:8). Para citar un caso notable, Francisco de Asís se alejó del mundo y sus fascinaciones para limpiar los ojos interiores y poder ver a Dios en su corazón, ya que físicamente le era imposible hacerlo.

En Jesucristo nadie ve a Dios COMO un hombre, sino EN un hombre, porque ese Hombre, nacido de una mujer, exhibe un carácter moral, unos atributos y unas obras que solo pueden calificarse de divinos. Esa es la clave. Por eso, con toda autoridad, dialoga con los fariseos sobre temas ordinarios en forma extraordinaria: «Abraham, el padre de ustedes, se regocijó al pensar que vería mi día; y lo vio y se alegró. —Ni a los cincuenta años llegas —le dijeron los judíos—, ¿y has visto a Abraham? —Ciertamente les aseguro que, antes que Abraham naciera, ¡yo soy!». (Juan 8:56-58)

Aquí la respuesta de Jesús es estremecedora: —Bien, muchachos, ciertamente —esto es verdad— les aseguro —no les sugiero— que ANTES de que Abraham naciera, YO SOY. No dice: "Yo era", en pretérito, para retrotraerse al tiempo de Abraham; sino "Yo Soy", en un eterno presente.

La Biblia identifica el nombre de Dios con el llamado *tetragrámaton*, representado por las letras YHWH, que es impronunciable. Generalmente se lo nombra bajo dos aproximaciones fonéticas: la clásica Yavéh y la variante no muy ortodoxa y, más bien, acomodaticia, Jehová; pero que, en todo caso, significa "Yo Soy".

El erudito judío Jacob Neusner, en su libro *Un rabino habla con Jesús*, se muestra sinceramente conmovido con las enseñanzas del Sermón del Monte, en general todo lo que el evangelio transmite lo impacta positivamente, pero se aparta de Jesús radicalmente por sus afirmaciones sobre sí mismo. Al respecto afirma: «Jesús da un paso importante en la dirección equivocada al transferir el énfasis del 'nosotros' como comunidad judía a un 'Yo'. El desacuerdo se da en la persona de Jesús, y nunca en sus enseñanzas... Al fin el maestro Jesús exige algo que solo Dios exige».[29]

Aunque Neusner —como muchos judíos— no lo acepte, el humilde Carpintero que nació en el pesebre, bajo el calor de animales domésticos, en un estado de indefensión y de pobreza, es el gran «Yo Soy el que Soy» de los hebreos, «el Dios no conocido» de los griegos, el Gran Quién Sabe. Solo que voluntariamente se ha despojado a sí mismo (*kenosis*) al descender hasta el agujero negro donde se halla el hombre caído para levantarlo, con la palanca de la cruz, en la dinámica de la redención.

En tales condiciones, a nadie debe extrañarle el absoluto desparpajo con que él mismo se autocalifica, mejor dicho, se identifica como YHWH.

¿Quién es Jesús para Jesús?

—Lo que Jesús es: simplemente Dios.

---

29. Philip Yancey, *El Jesús que nunca conocí*, Editorial Vida, Miami, Florida, 1996, p. 93.

Clave 15

Dios como hijo del hombre

*El Logos se ha hecho hombre para
llevar la creación a su perfección*
—Teilhard de Chardin

«Y Jacob fue el padre de José, que fue esposo de María, de la cual nació Jesús, llamado el Cristo». (Mateo 1:16)

Después de andar durante tres años continuos al pie de Jesús, como testigo ocular directo de todas sus sorprendentes acciones, nuestro viejo conocido, el alcabalero Mateo, quien estaba al servicio del imperio y se fue sin vacilaciones detrás del Divino Transeúnte, se ha dedicado a la profesión de cronista. Como buen judío, está empeñado en demostrar el carácter mesiánico del personaje que un día lo escogió como uno de los doce miembros de su *staff* apostólico. Para él, lo neurálgico de todo este asunto consiste en comprobar que Jesús es aquel «hijo de David» anunciado por los viejos profetas.

Su primera preocupación investigativa se centra, pues, en la genealogía, disciplina tan arraigada en las tradiciones de su pueblo. Para Mateo es absolutamente necesario demostrar el linaje davídico de Jesús de Nazaret, para lo cual elabora un árbol genealógico que parte de Abraham y se ramifica a través de David, los deportados de Babilonia y los repatriados a la Tierra Santa, hasta desembocar en 'el Renuevo' que es Jesús.

Otro cronista, este no judío sino gentil, el médico Lucas, natural de Antioquía, 'exagera' la búsqueda genealógica de Jesús hasta los tiempos anteriores a Abraham, en la propia civilización antediluviana, yendo al árbol primigenio de toda la especie humana que es Adán. Como buen griego, Lucas, obviamente, tiene interés en demostrar que el Mesías es universal y no limitado al pueblo de Israel.

Las discusiones sobre las diferencias que aparecen en las dos genealogías evangélicas aludidas carecen de importancia. La crítica seria ha encontrado que Mateo toma la línea de José y Lucas la de María, lo cual hace que los antepasados no coincidan en todos los casos, aunque muchos de ellos sean comunes, siendo los esposos nazarenos parientes muy cercanos entre si y ambos descendientes de David.

Curiosamente, ninguna de las dos genealogías menciona a Joaquín ni a Ana, considerados por cierta tradición oral como padres de la virgen María. Para evitar «irse por las ramas», conviene atender a san Pablo cuando le recomienda a Timoteo no prestar atención a «genealogías interminables» que «provocan controversias». (1 Timoteo 1:4)

Ahora lo importante es establecer en forma clara la humanidad de Jesucristo. Deja graves preocupaciones intelectuales el hecho de establecer que Él es Dios y aceptar, al mismo tiempo, que pueda ser un hombre con todo lo que tal condición implica. Un hombre limitado no puede ser Dios; el Dios ilimitado no puede ser hombre. Cómo será de grave la cosa que, incluso las mitologías, llamaron solo 'semidioses' a algunos seres humanos extraordinarios, especialmente los héroes.

Alguien preguntaría: ¿se hace criatura el creador? Entonces, Edison podría ser una bombilla, Graham-Bell un teléfono, Goodyear un neumático, Gillette una afeitadora y Darío Silva-Silva un libro. Es una broma, claro, pero esa clase de puerilidades y otras similares suelen escucharse en un mundo gobernado por el más crudo materialismo, donde suelen confundirse los conceptos de inventor y creador.

Con todo, es necesario reconocer que ha habido muchos comentaristas, desde los tiempos iniciales del cristianismo, empeñados en demostrar que Jesús de Nazaret es un ser sobrenatural sin ninguna característica natural. No pocos han afirmado que Él es Dios pero no Hombre.

Los antiguos gnósticos fueron —y los que hoy subsisten son— enconados negadores de la «humanización de Dios». Para ellos, el cuerpo es esencialmente malo y, por lo tanto, un «espíritu superior», —en este caso Dios mismo—, no podría tener esa clase de habitación. Pero, un poco antes de la encarnación de Jesucristo, los esenios ya insinuaban al cuerpo humano como «templo del Espíritu», lo cual vino a concretarse en el misterio de la encarnación.

Los escritores del Nuevo Testamento le salieron al paso, con gran diligencia, a toda pretensión deshumanizadora del Hijo de Dios. El apóstol Juan, por ejemplo, escribe su primera epístola para refutar a quienes veían en Jesús un ángel o un *eón* despojado de humanidad aunque pareciera o apareciera en forma humana: él mismo, personal y directamente, lo vio, lo oyó y lo palpó a través de sus órganos de los sentidos. «Lo que ha sido desde el principio, lo que hemos oído, lo que hemos visto con nuestros propios ojos, lo que hemos contemplado, lo que hemos tocado con las manos, esto les anunciamos respecto al Verbo que es vida». (1 Juan 1:1)

Más adelante, el propio Juan entrega una clave infalible para identificar a los falsos profetas, que en su época abundaban y hoy constituyen un fenómeno que ha pasado rápidamente de epidemia a endemia y ya va para pandemia. ¡Hay que vacunarse de inmediato! El apóstol trae la jeringa lista en la mano: «Queridos hermanos, no crean a cualquiera que pretenda estar inspirado por el Espíritu, sino sométanlo a prueba para ver si es de Dios, porque han salido por el mundo muchos falsos profetas. En esto pueden discernir quién tiene el Espíritu de Dios: todo profeta que reconoce que Jesucristo ha venido en cuerpo humano, es de Dios». (1 Juan 4:1,2) (La clave maestra que descifra al profeta auténtico es reconocer que el Cristo ha venido en cuerpo humano).

Los enemigos de Jesús no encuentran límites: unos atacan su divinidad y otros, su humanidad, sin darse cuenta de que, en muchos casos, los unos terminan refutando a los otros sin remedio. En efecto, hay quienes al negarle a Jesús su humanidad le reconocen su divinidad; y quienes, al no aceptarlo como divino, terminan reconociéndolo como humano

Este último es el caso de Ernesto Renán en su popular *Vida de Jesús*, que intenta un relato escueto de lo que el autor considera científicamente comprobable sobre el Nazareno. Con el rigor analítico propio de la crítica histórica positivista, el especulador francés despoja al personaje examinado de todo contenido milagroso y divino, pero concluye su ensayo con una afirmación que no puede pasar inadvertida: «Jesús no será superado. Su culto se rejuvenecerá sin cesar; su leyenda provocará infinitas lágrimas, sus sufrimientos enternecerán los mejores corazones; todos los siglos proclamarán que entre los hijos de los hombres no ha nacido ninguno más grande que Jesús».[30]

---

30. Ernesto Renán, *Vida de Jesús*, Compañía General de Ediciones, México D.V. 1966.

Se trata, pues, de un hombre con todo lo que tal condición implica. De hecho, una revisión cuidadosa de su biografía, dada en los libros del Nuevo Testamento, arroja completa luz al respecto. En primer lugar, es evidente que nació de una mujer, lo cual informa Pablo (Gálatas 4:4). Todo el que es parido de un vientre femenino es, necesariamente, un ser humano. Además, no cabe duda de que crecía física e intelectualmente, como lo atestigua el famoso médico de Antioquía: «Jesús siguió creciendo en sabiduría y estatura, y cada vez más gozaba del favor de Dios y de toda la gente». (Lucas 2:52)

Soportaba, sin lugar a dudas, todas las limitaciones propias de la naturaleza humana y compartía los problemas ordinarios que todos enfrentamos sin remedio. Su famoso encuentro con la mujer samaritana no deja dudas al respecto (Juan 4:6,8) Veamos algunas cosas significativas:

—Se cansaba: «Fatigado del camino» (v. 6)
—Sentía hambre: «Sus discípulos habían
ido al pueblo a comprar comida». (vv. 7,8)
—Padecía sed: «En eso llegó a sacar agua
una mujer de Samaria y Jesús le dijo: —Dame
un poco de agua» (vv. 7,8)

Hay otros relatos en los cuales la humanidad de Jesucristo es patente, a menos que quien los recibe sufra de sordera, en cuyo caso es innecesario cualquier intento de convicción. Hay que lograr, antes, que los oídos se abran a la evidencia. Ciertamente, «no hay peor sordo que el que no quiere oír». He aquí dos datos irrefutables:

—Primero: Se airaba. Un día entró al templo con un látigo en la mano, expulsó a los mercaderes religiosos, regó por el piso el dinero de los negocios piadosos y volcó la estantería estrepitosamente. (Juan 2.15). La ira es, ciertamente, una emoción humana, que llega a ser pecado solo cuando no hay justicia plena en su motivación.

—Segundo: Lloraba, lo cual hizo, para citar un ejemplo ya analizado en este libro, cuando se detuvo ante la tumba de su amigo Lázaro. (Juan 11:35). No se diga que el llanto no es algo propio del ser humano, aunque alguien pudiera argumentar que existen también, las llamadas «lágrimas de cocodrilo».

Jesús de Nazaret es, pues, un hombre integral dotado de espíritu, alma y cuerpo, como queda claro en varias porciones bíblicas que resuelven el tema satisfactoriamente. Hemos visto que tenía un cuerpo físico (*soma*) que se cansaba, sentía sed y hambre; estaba dotado de un alma (*psyche*), que lo hacía llorar y airarse, y que, también, lo llevaba a la depresión: «Es tal la angustia que me invade que me siento morir». (Mateo 26:38).

Para completar el cuadro, estaba dotado de un espíritu humano, lo cual es evidente cuando, en el momento de su muerte en la cruz, le entrega su espíritu (*pneuma*) al Padre (Lucas 23:46). Ahora bien, la clave reina de su humanidad es que pudo morir.

La idea de la deificación humana tomó fuerza durante el siglo XIX. Incluso el Libertador Simón Bolívar

—producto típico de la Revolución Francesa, liberal y masón— llegó a sugerir que en Jesucristo se había dado «la asunción del hombre en Dios». Otros hablaron de la «cristificación» que consistiría en un auto-deificarse el ser humano, tal y como, supuestamente, Jesús de Nazaret lo había logrado. La mal llamada «nueva era» insiste hoy en posibilidades similares. Sin embargo, «Nadie ha subido jamás al cielo sino el que descendió del cielo, el Hijo del hombre». (Juan 3:13)

El gran misterio es la humanización de Dios, no la divinización del hombre; y no consiste, de ningún modo, en que el efecto-hombre se convierte en su causa-Dios, sino en que el Creador se hace criatura. No se olvide que Jesús es hijo adoptivo de José; lo cual significa, en otras palabras, que Dios se hace adoptar como Hijo del hombre para que el hombre pueda ser adoptado como hijo de Dios. Esa es la clave.

La única diferencia esencial entre Jesús de Nazaret y los demás hombres, sus hermanos, es que él fue tentado, como todos sin excepción, pero permaneció impecable. Sobre este tópico resulta apropiada la aclaración de Charles Ryrie: «Cristo no pudo pecar: no significa meramente que Cristo pudo no pecar.

»Objeción: Si Cristo no podía pecar, no pudo haber sido tentado en realidad y, por tanto, no pudo ser un sumo sacerdote capaz de compadecerse (Hebreos 4:15).

»Respuesta: La realidad de la prueba no se basa en la naturaleza moral del que es tentado; y la posibilidad de compadecerse no depende de corresponder exactamente en el resultado del problema planteado, con el resultado que tuvo en otra persona.

»Resultados: 1. La tentación probó la impecabilidad de Cristo. 2. También hizo de Él un sumo sacerdote que pudiese compadecerse».[31]

El apóstol Pablo recela de las genealogías, pero nadie puede retirarlas del texto sagrado; si el Espíritu Santo las puso allí algún objeto tienen, pues ni una tilde sobra en la Palabra de Dios. En el Antiguo Testamento son prolijas y, a veces, aburridas de leer, pero gracias a ellas conocemos los remotos orígenes de las sociedades humanas. Conviene destacar cómo en el linaje de Jesús de Nazaret figuran sobresalientes pecadores: asesinos, perjuros, prostitutas, polígamos, idólatras, adúlteros, incestuosos...

¡Oh, misterio del amor de Dios, cuya Segunda Persona no quiso ser de mejor familia que ninguno de los vástagos del desventurado Adán!. En realidad, no podía hacerlo, si es que había de ser hombre verdadero. Quizás por eso, el título que prefirió durante su ministerio terrenal fue, precisamente, el de Hijo del Hombre.

---

31. *Biblia de Estudio Ryrie*, Editorial Portavos, 1991, p. 1923.

Clave 16

El Proveedor es la misma provisión

Las autoridades romanas distribuían pan gratis
para promover el reino de César, y Jesús hubiera
podido hacer lo mismo para promover el suyo.
—Philip Yancey

«Yo soy el pan de vida. Los antepasados de ustedes comieron el maná en el desierto, y sin embargo murieron. Pero éste es el pan que baja del cielo; el que come de él, no muere». (Juan 6:48-50)

Se ha cumplido con éxito la repartición de los peces y los panes y la muchedumbre saciada es un multiplicador exponencial del milagro. Ahora muchas personas más saben que Jesús saca lo grande de lo pequeño, la demasía de la pequeñez, lo extraordinario de lo ordinario. No cabe duda de que él debe ser el Mesías prometido, hay que coronarlo rey sin demora, porque si algo hace falta es, precisamente, alguien que haga abundar la comida.

Me fascina interpretar el relato evangélico de Juan 6:16,24. El lago está lleno de barcas como si hubiera preparativos para una gran regata. Los boteros bracean hacia el otro lado, en grupos que van y vienen afanosamente por la ribera buscando a Jesús, quien se ha retirado solitario a la montaña, adivinen a hacer qué cosa.

¡Adivinaron: a orar!

Cuando, por fin, los incontables barqueros arriban a la otra orilla, se llevan un gran fiasco: los discípulos de Jesús han dejado abandonada una barca, como para despistarlos. Ya no quedaban ni rastros de Jesús por ahí.

¿Qué había pasado? Solo un 'truco' sencillo. Jesús pronunció el 'amén' al terminar sus oraciones, descendió ágilmente por la ladera de la montaña y se fue a buscar a sus discípulos caminando sobre el agua como si se tratara de una pista pavimentada, subió a la barca y dijo: —Vamos, señalando de vuelta hacia Capernaum.

Pese a tantos inconvenientes, los desilusionados aldeanos no desmayaron en su empeño de encontrar al Multiplicador de los recursos a toda costa y regresaron a la otra orilla, donde Jesús, muy campante, charlaba con los miembros de su *staff* sobre los últimos acontecimientos. Y entonces: «Cuando lo encontraron al otro lado del lago, le preguntaron: —Rabí, ¿cuándo llegaste acá? —Ciertamente les aseguro que ustedes me buscan, no porque han visto señales sino porque comieron pan hasta llenarse». (Juan 6:25,26)

Lastimosamente, aquella multitud, de la cual formamos parte todos sin excepción, no busca a Jesucristo para decirle: —Queremos escuchar otro de tus sermones para alimentar nuestros espíritus. Lo único que aquellos amotinados —nosotros mismos— querían —queremos— es que Jesús les llenara —nos llene— las panzas. Lo dice el refranero: «Barriga llena, corazón contento». Bíblicamente hablando, «comamos y bebamos que mañana moriremos», como escribió Isaías.

Cierto que el pan es necesario para la vida; tanto que, después de la desobediencia original, los descendientes de Adán hemos tenido que ganarlo con el sudor de la frente. En buen romance, «ganarse el pan» es trabajar. La propia palabra pan es, simplemente, en todos los idiomas y todas las culturas, el símbolo por antonomasia de la alimentación.

El pan tiene, además, connotaciones sagradas. Desde los tiempos más remotos, el culto a los dioses lo ha incorporado como parte de las ceremonias religiosas. Melquisedec, rey de Salén y sacerdote del Dios altísimo, bendice a Abraham mediante la ofrenda de pan y vino, como una misteriosa contraseña.

«Y Melquisedec, rey de Salén y sacerdote del Dios altísimo, le ofreció pan y vino. Luego bendijo a Abram con estas palabras: "¡Que el Dios altísimo, creador del cielo y de la tierra, bendiga a Abram! ¡Bendito sea el Dios altísimo, que entregó en tus manos a tus enemigos!". Entonces Abram le dio el diezmo de todo». (Génesis 14:18-20)

Para conectarse con Baal, los cananeos comían un muñequito de pan que era el cuerpo mismo de su dios, según ellos creían. Hay quienes afirman que la palabra caníbal es una formación —o deformación— que significa originalmente: «el cananeo que se come a Baal». Se utiliza este argumento para combatir la creencia supersticiosa en la transubstanciación

Ahora bien, en el rito judío, los llamados 'panes de la proposición' eran doce porciones, cocidas en vasos especiales, que se ofrecían y colocaban en el tabernáculo todos los sábados, cabalmente en memoria de las doce tribus de Israel.

Es precisamente en el campo espiritual donde Jesús quiere ubicar a aquellos provincianos que lo han buscado con tanta diligencia. Ellos tenían grabado en el 'disco duro' de su inconciente colectivo el dato de que sus antepasados habían recibido directamente «pan del cielo» para alimentarse durante la penosa travesía del desierto; pero no sabían, y Jesús se lo aclara, que el maná dado por medio de Moisés no era el verdadero pan del cielo.

Sin embargo, eran tan torpes que ni siquiera caían en la cuenta de claves elementales. No se percataron, por ejemplo, de cómo el personaje que discutía con ellos en esa ocasión, había nacido en la ciudad de Belén, nombre que significa directamente «casa de pan». ¿No es esta una clave? Aquel diálogo se torna rápido y cortante: «El pan de Dios es el que baja del cielo y da vida al mundo. —Señor —le pidieron—, danos siempre ese pan. —Yo soy el pan de vida —declaró Jesús—. El que a mí viene nunca pasará hambre, y el que en mí cree nunca más volverá a tener sed. (Juan 6:33-35)

Un momento. No estamos aquí para discusiones teológicas, simplemente queremos saber cómo se llenan nuestros refrigeradores y alacenas; y ahora, este Carpintero loco quiere convencernos de que él ha bajado directamente del cielo; más aún, aunque lo vemos como un muchacho común y corriente, dice que no es un hombre sino un pan. Esto parece una película surrealista diez y nueve siglos antes de Luís Buñuel.

«Ciertamente les aseguro que el que cree tiene vida eterna. Yo soy el pan de vida. Los antepasados de ustedes comieron el maná en el desierto, y sin embargo murieron. Pero éste es el pan que baja del cielo; el que come de él, no muere. Yo soy el pan vivo que bajó del cielo. Si alguno come de este pan, vivirá para siempre. Este pan es mi carne, que daré para que el mundo viva. Los judíos comenzaron a disputar acaloradamente entre sí: "¿Cómo puede éste darnos a comer su carne?"

—Ciertamente les aseguro —afirmó Jesús— que si no comen la carne del Hijo del hombre ni beben su sangre, no tienen realmente vida. El que come mi carne y bebe mi sangre tiene vida eterna, y yo lo resucitaré en el día final. Porque mi carne es verdadera comida y mi sangre es verdadera bebida. El que come mi carne y bebe mi sangre, permanece en mí y yo en él». (Juan 6:47-56)

Que Jesús haya bajado del cielo es discutible, que sea un pan es increíble, pero que pretenda darnos a comer su carne es inadmisible. ¡Ni que fuéramos antropófagos! Sin embargo, el Carpintero sigue hablando con la mayor naturalidad sobre el banquete que nos servirá con su carne como pan y su sangre como vino. Definitivamente nos equivocamos al querer coronarlo como rey. Vámonos ya de aquí, no permitamos que este loco nos enloquezca a todos.

La sinagoga de Capernaum, donde Jesús realizaba este debate, quedó desocupada. Muchos de sus discípulos directos, desencantados de la deserción popular y, algunos de ellos, desconcertados por las excéntricas afirmaciones de su Maestro, tiraron la toalla en ese mismo instante. Ya han soportado demasiadas rarezas, pero este cuento de comer la carne y beber la sangre de Jesús es francamente intolerable.

«Desde entonces muchos de sus discípulos le volvieron la espalda y ya no andaban con él. Así que Jesús les preguntó a los doce: —¿También ustedes quieren marcharse? —Señor —contestó Simón Pedro—, ¿a quién iremos? Tú tienes palabras de vida eterna». (Juan 6:66-68)

Esta vez el ciclotímico Pedro sube su puntaje a diez. Es asunto de fe el creer las inverosímiles afirmaciones del Nazareno sobre comer su carne como pan y beber su sangre como vino. Obviamente no es posible hacerlo en una forma física, pero Pedro sabe a ciencia cierta que puede hacerse en la forma espiritual, que es una realidad más confiable, por ser eterna, que la simple realidad material, que es transitoria.

Cuando tomo la Cena del Señor, yo sé realmente que como su carne y bebo su sangre, porque todo mi ser se inunda de un misterioso bienestar. Las porciones que recibo no son carne y sangre físicas; pero, tampoco, son solo un trozo de pan y un sorbo de vino. Como bien lo dijera Jansenio, en la eucaristía hay una «comunión vivencial con Cristo». Esa es la clave.

Las viejas discusiones sobre transubstanciación, consubstanciación y similares son esterilizantes y divisionistas entre los cristianos y, también, entre ellos y el resto de la sociedad. Durante la conquista española del Nuevo Mundo, fue célebre la anécdota del señor de los incas, Atahualpa, a quien un fraile encapuchado del Santo Oficio quiso convertirlo a la fe cristiana por métodos duros de presión, no mostrándole al soberano indígena el amor de Jesucristo, sino un Dios vengativo para con los infieles.

Se dice que el cruel confesor increpó al joven monarca aborigen con estas palabras:

—Tú eres un salvaje porque adoras al sol.

La crónica añade que Atahualpa replicó, sin pestañar:

— Más salvaje eres tú, que te comes a tu Dios.

Los sectarios evangelizadores españoles no fueron sabios con aquellos a quienes buscaban evangelizar; lamentablemente, quisieron imponer en vez de convencer, y no buscaron puntos claves de contacto. Por ejemplo, es evidente que, dentro de su politeísmo, los incas sostenían cierto monoteísmo frontal y aceptaban de buena gana que había un Dios Supremo que gobernaba el cielo y la tierra y era Señor de todo.

«El pan de vida» no es una expresión pleonástica, por más que lo parezca. El pan no ES vida sino que DA vida. El pan es el sustento de la vida, pero no su origen; sostiene la vida, pero no la produce. La vida no proviene del pan, aunque necesita el pan para seguir siendo vida. Estas reiteradas aclaraciones son necesarias para comprender las afirmaciones de Jesús.

¿Qué es lo que pretende cuando dice:

«Yo soy el pan de vida»,

«Yo soy el pan que bajó del cielo»,

«el pan de Dios es el que baja del cielo y da vida al mundo»?

Simplemente se presenta a sí mismo como la vida que produce pan y el pan que produce vida. Él es el proveedor y es la provisión misma, el *Jireh* Hebreo. Lo que nos provee es su propia Persona. Comer su carne y beber su sangre es, realmente, alimentarnos de Él, de su propio ser, en un banquete de proteínas y vitaminas espirituales que nos da nutrición eterna. Vitalismo espiritual.

Clave 17

Toda la luz en una lámpara

> El dolor viene de la oscuridad
> y lo llamamos sabiduría.
> —Randall Jarrell

«Una vez más Jesús se dirigió a la gente, y les dijo: —Yo soy la luz del mundo. El que me sigue no andará en tinieblas, sino que tendrá la luz de la vida». (Juan 8:12)

Acaba de escenificarse uno de los episodios más espectaculares y dramáticos en la vida de Jesús de Nazaret. Estaba él enseñando en el templo, cuando un grupo de maestros religiosos irrumpió al recinto arrastrando de los cabellos a una asustada mujer que había sido sorprendida en el acto mismo de adulterio. De acuerdo a la Ley de Moisés, ella debía ser apedreada sin juicio previo alguno.

Con su proverbial astucia, escribas y fariseos pusieron a Jesús en un tremendo aprieto: Si decía:

—No la apedreen, se hacía trasgresor de la ley y él mismo debería ser juzgado.

Si decía, por el contrario:

—Apedréenla, entraría en contradicción consigo mismo y sus particulares enseñanzas Es entonces cuando el Nazareno, como solía hacerlo, se sale con la suya de la manera más inesperada, al decirles:

—No hay problema, que tenga el honor de inaugurar la lapidación, tirando la primera piedra, aquel que esté libre de pecado.

¡Sorpresa! Los que a sí mismos se consideraban limpios y puros, son acusados directamente por ese juez íntimo e implacable que todos llevamos dentro del corazón: la conciencia. Ninguno podía —ninguno puede— levantar su mano en juicio contra nadie a no ser contra sí mismo. Al quedarse solo con la adúltera, lo lógico habría sido que el único santo viable procediera a juzgar el caso con rigor. Sin embargo, él en persona, de cuerpo entero ante la mujer, se limita a decirle:

—¿Sabes una cosa? Ninguno de tus acusadores te podía condenar; yo, que tengo plena autoridad para hacerlo, tampoco lo haré. Vete tranquila y no vuelvas a pecar (Juan 8:3,11). De esta manera, Jesucristo demuestra que hay una ley superior a la ley, que es la conciencia; y que hay, también, una ley superior a la conciencia, que es el amor.

¿Cómo puede Jesús hacer que luzca muy casual algo tan fuera de serie? Inmediatamente, ya ida del recinto la pecadora perdonada, el rabí retoma el curso de su interrumpido sermón y responde a los mudos interrogantes con una declaración de cuatro palabras: «Yo soy la luz». Eso explica, tácitamente, el por qué Jesús todo lo tiene claro, sin sombras ni matices. Dicho nítidamente, sin dudas.

Hallaremos una buena clave si recordamos lo ocurrido en el templo de Jerusalén unos treinta años atrás. Un anciano justo llamado Simeón esperaba ansiosamente la redención de su pueblo; y, claramente, el Espíritu Santo le había revelado que no moriría sin conocer al Mesías prometido por los profetas. Cuando el niño Jesús fue llevado al templo para circuncidarlo, Simeón lo tomó en sus brazos temblorosos y pronunció estas solemnes palabras: «Según tu palabra, Soberano Señor, ya puedes despedir a tu siervo en paz. Porque han visto mis ojos tu salvación, que has preparado a la vista de todos los pueblos: luz que ilumina a las naciones y gloria de tu pueblo Israel». (Lucas 2:29-32)

Imagino la reacción de algún farsante religioso presente allí:

—Oye, viejito, ese bebé nació en condiciones muy precarias, en un establo, entre una mula y un buey. ¿Cómo puedes pensar que es el Mesías? Francamente ya te está afectando el mal de Alzheimer, Simeón... «Luz que ilumina a las naciones», ¡vaya despropósito!

Ya hemos explicado qué es el Logos, la palabra creadora en acción continua. Ahora tenemos una clave adicional: la palabra es la misma luz, conclusión a la que se puede llegar al comparar Génesis 1:4 y Juan 1.4. El primer acto de la creación consiste en que Dios ordena por medio de su Palabra que haya la luz y así sucede; pero hay un detalle que no debe pasarse por alto: la Palabra, es decir, el Verbo —*Logos*— era Dios desde el principio y «en él estaba la vida, y la vida era la luz».

«Esa luz verdadera, la que alumbra a todo ser humano, venía a este mundo. El que era la luz ya estaba en el mundo, y el mundo fue creado por medio de él, pero el mundo no lo reconoció». (Juan 1:9,10)

Ahora tenemos la luz, toda la luz, enfrascada dentro de una bombilla humana que se llama Jesús de Nazaret. Se nos ha enseñado en el colegio, en las clases de física elemental, que el comportamiento de los cuerpos frente a la luz permite considerarlos como reluctantes o absorbentes, según la rechacen o la asimilen. Espiritualmente ocurre lo mismo: a Jesucristo lo asimilamos o lo rechazamos sin términos medios. No puede suceder de otra manera ya que Él es la luz. Frente al Jesús-Luz, ¿qué somos: absorbentes o reluctantes?

Como ya lo hemos señalado, todas las religiones falsas contienen algún esbozo de la religión verdadera. Entre los persas, por ejemplo, el dios Ahura-Mazdá encarnaba el bien, la belleza y el conocimiento; por oposición, Ahrimán, personificación del mal, era el príncipe de las tinieblas. La adoración pagana del sol nace del deseo inconciente de rendir culto a la luz. Eso ocurría con el antiguo Ra de los egipcios, hoy recurso de crucigramistas apurados.

La palabra 'luz', en todas las culturas de todas las épocas, supera lo físico para adquirir categoría de un ideal que ilumina, no ya las cosas materiales, sino los espíritus. A fines de la Edad Media, cuando se pusieron de moda en España las ideas del pensador árabe Averroes, el rabino sefardita Hasday Crescas produjo su obra maestra *La luz del Señor*, que criticaba severamente la metafísica y el aristotelismo, para darle un reconocimiento expreso a los derechos del corazón.

Es precisamente en el corazón donde reside lo que los cuáqueros llamaron «la luz interior», esa pauta divina que le permite a toda persona, en forma natural, distinguir lo bueno de lo malo, lo falso de lo verdadero, la virtud del pecado. Aún los gentiles, dice san Pablo, «llevan escrito en el corazón lo que la ley exige» (Romanos 2:15).

Ahora bien, la Luz con mayúscula produce luz con minúscula. Lo que los científicos materialistas no han podido explicar es el *fiat lux*, la operación primigenia del Logos. El astrofísico vietnamita Trinh Thuan, en un reportaje para la revista *Paris Match*, hizo afirmaciones sorprendentes: «La cosmología moderna (el estudio del universo en su conjunto) ha impuesto la idea de una creación original y la cuestión de la existencia de un Creador se plantea inevitablemente. En efecto, nosotros sabemos ahora que el universo tuvo un comienzo, por el 'big bang'. Pero ¿cómo todo esto ha evolucionado? A esta pregunta algunos prefieren responder: "por azar" Por mi parte, considerando la fabulosa precisión de los mecanismos que precedieron la evolución del universo para desembocar en el hombre, yo prefiero situarme abiertamente en el campo de los que creen en la hipótesis de un Creador».[32]

El doctor Thuan es autor de un libro de vasta circulación a finales de los años ochenta: *La melodía secreta,* en el cual sostiene que el hombre y el universo deben considerarse en estrecha simbiosis: «si el universo es tal como él es, es porque el hombre está hoy en él para observarlo y plantearse preguntas». La conclusión del científico vietnamita tiene un aire poético: «Más allá del universo en expansión, se percibe a Alguien tocando en un violín una melodía secreta».

¿La 'música de las esferas' de Pitágoras?

El Logos es la luz que produce la creación y la armonía que la sostiene. (Colosenses 1:16,17). La luz es música y la música es luz, porque el Logos es luz y música. A propósito, el pentagrama es un código que tiene claves, el clavicordio es una clave que tiene cuerdas; y, por eso, me pregunto ahora mismo: ¿no será cada melodía un esfuerzo artístico por descifrar la Luz? Mientras escribo, estoy oyendo 'El evangelio según San Mateo', de Juan Sebastián Bach; y, en este instante, caigo en la cuenta de algo: es música cósmica. 'El clave bien temperado', del mismo autor, es música científica.

---

32. *Dios regresa con mucha fuerza,* Paris Match, mayo 1989, portada e informe central.

Tuvo mucha razón el popular cosmólogo Carl Sagan cuando, en una de sus últimas entrevistas antes de morir, le dijo a un ministro cristiano que ya era tiempo de que los científicos y los teólogos se sentaran a dialogar. Pensándolo bien, así como hay una ciencia de la teología, debiera haber una teología de la ciencia. Sería provechoso intentar en el futuro el desarrollo de una Teociencia capaz de reconciliar la información sobre las criaturas con el conocimiento del Creador.

«Yo soy la luz» es la majestuosa presentación personal que Jesús hace en medio de sus perplejos conciudadanos, entre ellos los fariseos; estos, como es obvio, replican de inmediato increpándole a Jesús que sea tan presuntuoso para auto-representarse siendo incapaz de traer algún testigo creíble en quien su descomunal afirmación encuentre algún respaldo. Sin perder la compostura, él se atreve a decir algo que hoy debiera resonar en las orejas del mundo perdido: «En la ley de ustedes está escrito que el testimonio de dos personas es válido. Uno de mis testigos soy yo mismo, y el Padre que me envió también da testimonio de mí. —¿Dónde está tu padre? —Si supieran quién soy yo, sabrían también quién es mi Padre». (Juan 8:17-19)

Aquellas gentes sufrían de amnesia. Su profeta Isaías, gran favorito de los mesiánicos, había hecho una advertencia clara y directa sobre «Galilea, tierra de paganos, en el camino del mar, al otro lado del Jordán». Allí, precisamente en Nazaret, ese vaticinio había tenido cumplimiento de manera impactante, sin que la ciudadanía en general se diera cuenta:

«A pesar de todo, no habrá más penumbra para la que estuvo angustiada. En el pasado Dios humilló a la tierra de Zabulón y a la tierra de Neftalí; pero en el futuro honrará a Galilea, tierra de paganos, en el camino del mar, al otro lado del Jordán. El pueblo que andaba en la oscuridad ha visto una gran luz; sobre los que viven en densas tinieblas la luz ha resplandecido». Isaías 9:1,2

Jesús andaba entre la gente como una lámpara con el *dimmer* atenuado hasta el mínimo. La transfiguración se produce cuando el atenuador vuelve a subir al máximo, y Jesús-Luz se muestra tal como es. «Allí se transfiguró en presencia de ellos; su rostro resplandeció como el sol, y su ropa se volvió blanca como la luz». (Mateo 17:2)

El viernes, en el Calvario, la mano de Dios activó el *off*. Satanás, el príncipe de las tinieblas, tuvo su cuarto de hora porque el Padre desconectó el interruptor de su Hijo, instalado en la cruz, cuando cargaba sobre sus hombros todos los pecados de todos los hombres de todas las épocas. Anselmo de Canterbury vio la expiación como el acto supremo por medio del cual Dios supera para siempre el conflicto entre su amor y su ira. «Desde el mediodía y hasta la media tarde toda la tierra quedó en oscuridad. Como a las tres de la tarde, Jesús gritó con fuerza: —Elí, Elí, ¿lama sabactani? (que significa: "Dios mío, Dios mío, ¿por qué me has desamparado?"». (Mateo 27;45,46)

El domingo, la mano de Dios activó de nuevo el *on* Y, cuando el Padre prendió el interruptor del Jesús-Luz, Satanás fue cegado definitivamente por el resplandor de la resurrección y los poderes demoníacos se replegaron, aterrados, a sus agujeros negros.

El hombre posmoderno repite, en la vida real, la vieja y oscura saga del doctor Fausto, un ser complejo, lleno de contradicciones, que se deja comprar por Mefistófeles para seducir a Margarita y tener éxito en la vida. En la pluma de Goethe, esta leyenda germano-escandinava se convierte en «el mito filosófico por excelencia», según Hegel.

Desde la óptica religiosa, el tema de «venderle el alma al diablo» propio de Fausto, fue tratado a fondo por Kierkegaard en su maravillosa obra *Temor y temblor*, que hace temer y temblar a las almas sensibles.

Se dice que Goethe, al momento de entregar el espíritu, exclamó con voz suave: «Luz, más luz». De ser ello verdad, lo que el genio alemán estaba viendo en ese instante supremo no era el reino de aquel personaje que él bautizó con el nombre germano del príncipe de las tinieblas, Mefistófeles. ¡Gracias a Dios el poeta vio la luz eterna! El asunto es simple, como lo percibió Un Monje de la Iglesia de Oriente: «En torno de Jesús no hay tragedia, porque ningún problema permanece sin solución. De ahí que la dificultad de ser su discípulo radica no en desconocer lo que hay que hacer, sino en tener la fuerza de hacerlo. Lo que se ha llamado la tragedia de la existencia humana desaparece en Cristo. Si se ve la luz, se puede andar en la luz».[33]

El hombre posmoderno es, pues, un doctor Fausto que le ha vendido el alma al diablo. Quiera Dios que, en medio de su 'sorda ceguera', finalmente escuche, como el personaje literario lo hizo, la voz de Aquel que dice todo el tiempo: «Yo soy la luz que ha venido al mundo, para que todo el que crea en mí no viva en tinieblas». Juan 12:46

Todavía ese 'Fausto corporativo' que es la humanidad de hoy, puede romper el contrato firmado con el extorsionista espiritual que vive en las tinieblas, ama las tinieblas y gobierna las tinieblas, y suscribir el nuevo pacto con el Hombre-Luz, que garantiza el vitalismo espiritual de su fotosíntesis eterna. Ese contrato también se firma con sangre, solo que no es la propia de Adán-Fausto, sino la de Jesús de Nazaret, una sangre que alumbra.

---

33. Un monje de la Iglesia de Oriente, *Humilde visión del Salvador*, Epesa, Madrid, España 1961, p. 43

Clave 18

Opio del pueblo o vid verdadera

> El hombre justo es el que vive
> para la próxima generación.
> —Dietrich Bonhoeffer

«Yo soy la vid verdadera, y mi Padre es el labrador». (Juan 15:1)

Estoy absolutamente convencido de que la Biblia es inerrable, pero no creo que su texto sea totalmente literal. Me identifico con C.S. Lewis cuando advierte que, por el hecho de que Jesús dice que seamos como palomas, él no está dispuesto a pasársela todos los días poniendo huevos. Yo suelo utilizar cuatro claves distintas, que pueden ser complementarias, para escudriñar cada texto bíblico.

1) LITERAL: El texto es tal como está escrito. No acepta ninguna clase de interpretaciones adicionales a lo que dice por sí mismo. Es de simple sentido común.

2) HISTÓRICA: En qué época, para qué gentes, bajo qué cultura se emitió el texto que estoy considerando. Puede no ser aplicable hoy, aunque ofrezca lecciones valiosas.

3) SIMBÓLICA: El texto tiene un sentido figurado, alegórico, metafórico, etc. Por lo tanto, no puede tomarse al pie de la letra, sino averiguar qué significado tiene y qué enseñanza deja.

4) VIRTUAL: El texto me permite desentrañar, guiado por el Espíritu Santo, lo que me dice en forma personal, o bien a mi grupo en particular. Se establece a través de tres preguntas:

¿Qué dice?

¿Qué significa?

¿Qué aplicación tiene para mí?

Muchas de las afirmaciones del Dios-Hombre sobre sí mismo que ya han sido analizadas en este libro, tienen un sentido puramente simbólico, como lo hemos visto en capítulos anteriores. Por ejemplo:

EL CORDERO: Significa que Jesús asume el lugar que tomaba el animal utilizado como expiación por los pecados en la religión judía. Los sacrificios provisionales de la antigüedad eran solo un anticipo del suyo, que fue definitivo.

EL PAN: Informa que Jesús es quien nos alimenta espiritual, psíquica y físicamente, pero no significa que él sea un enorme bloque de harina cocida en forma humana como para el 'Libro de Récords Guinnes'.

LA LUZ: Se trata de la luz espiritual, no de la física, aun cuando esta última es producida indudablemente por aquella. No implica que Jesús de Nazaret se haya vuelto una enorme linterna que camina, habla y acciona.

Algo similar ocurre con esta nueva auto-definición del Dios-Hombre: «Yo soy la vid», la cual no significa, informa ni implica que Jesús de Nazaret se ha transformado en un vegetal. De ser así, la frase complementaria «ustedes son las ramas», rebajaría a los creyentes de categoría dentro de los reinos de la naturaleza.

Cuando buscaba datos para este libro, vino a mi memoria vagamente el recuerdo de algo que leí hace muchos años. Se trata de un ensayo de Carlos Marx, precisamente titulado: 'La unión de creyentes con Cristo', de acuerdo a Juan 15:1,14, el texto que nos ocupa ahora mismo. Quiero compartir con mis lectores los aspectos fundamentales de esta 'perla en la ostra', que cobra enorme importancia por llevar la firma del mismo personaje que, finalmente, apostató de su creencia original para abrazar el más crudo ateísmo. Leamos: «Cuando consideramos la historia de los individuos y consideramos la naturaleza del hombre, es cierto que siempre vemos una chispa de divinidad en su pecho, una pasión por lo que es bueno, luchando por conocimiento, anhelo y verdad. Pero las chispas de lo eterno son extinguidas por las llamas del deseo, el entusiasmo por la virtud es ahogado por la voz tentadora del pecado… La lucha por el conocimiento es suplantada por una base que lucha por los bienes materiales, el anhelo por la verdad es extinguido por el dulce elogio del poder de las mentiras; y, entonces, ahí está de pie el hombre, el único ser en la naturaleza que no cumple a cabalidad su propósito, el único miembro de la totalidad de la creación que no es digno del Dios que lo creó. Pero ese Creador benigno no puede aborrecer su obra; Él quería levantar al hombre hacia Él y envió a su Hijo, a través de quien proclamó para nosotros:

»Ustedes ya están limpios por la palabra que les he comunicado. Permanezcan en mí, y yo permaneceré en ustedes. Así como ninguna rama puede dar fruto por sí misma, sino que tiene que permanecer en la vid, así tampoco ustedes pueden dar fruto si no permanecen en mí». (Juan 15:3,4)

»En ninguna parte expresa Él más claramente la necesidad de unión con Él mismo que en la hermosa parábola de la vid y las ramas. Las ramas no pueden llevar fruto por sí mismas; por eso Cristo dice: —Sin mí nada pueden hacer».[34]

¿Era Marx un adicto al «opio del pueblo»? Sin duda, no. Lo que plantea no es activismo religioso, sino vitalismo espiritual. Miembro de una familia de judíos conversos, sus raíces espirituales le permitían armonizar los conceptos de fe y vida. Sin embargo, como Fausto, terminó

---

34. Archv fur die Geschichte des Sozialismus und der Arbeiterbewegung, 1925, Transcripción al inglés por Adam Kubik, traducción al español por Diana Jalube.

vendiéndole el alma a Mefistófeles; y, bajo su influencia, concibió al estado como una vid y a los proletarios como las ramas, pero prescindiendo de la savia espiritual.

Se creó así una «religión de los trabajadores», supuestamente llamada a reemplazar al cristianismo, y que adoró al estado como su dios; pero, en la milenaria Rusia, tierra santa de este nuevo mesianismo, la utopía de un «paraíso comunista» solo fue un corto infierno de setenta años. Muy pronto, los devotos ortodoxos volvieron a santiguarse de derecha a izquierda ante sus tradicionales iconos.

Yo sería capaz de transcribir completo este auténtico sermón de Marx que no aceptarían los marxistas de hoy, pero es muy denso y prolongado. No quisiera, sin embargo, pasar por alto algunos conceptos en él emitidos, que parecen más de un pastor luterano, interesado en propiciar algún tipo de 'comunismo espiritual', que del autor de *El Capital*. Por ejemplo: «Así, penetrados con la convicción de que esta unión es absolutamente esencial, estamos deseosos de encontrar este regalo excelso, este rayo de luz que desciende de mundos más altos para animar nuestros corazones... Una vez que hayamos capturado la necesidad de esta unión, la base de ella es nuestra necesidad de redención, nuestra naturaleza inclinada hacia el pecado, nuestra razón vacilante, nuestro corazón corrupto, nuestra iniquidad en la presencia de Dios, son claramente visibles para nosotros y no tenemos necesidad de investigar adicionalmente».[35]

---

35. Ibidem

Los católicos romanos comentarían este discurso de Carlos Marx, meneando la cabeza, con su gracioso refrán: «el diablo haciendo hostias». A mí, personalmente, su lectura me ha llevado de la admiración a la incredulidad, de la afirmación a la duda, de la risa al llanto, del aplauso a la bronca. Y me he preguntado, profundamente inquieto: ¿en qué momento una potestad de las tinieblas vino sobre Alemania, donde Lutero había hecho posible el milagro divino de la Reforma, para tomar posesión de almas selectas y convertirlas en títeres de su perversa acción? Fue, en verdad, un contraataque brutal.

En el contexto de la guerra espiritual, Federico Nietzsche y Carlos Marx, para citar dos casos protuberantes, se alistaron, talvez sin quererlo, como lugartenientes de Mefistófeles y, bajo el fondo musical de Wagner, fueron puntas de lanza para la gran saga del totalitarismo nazi que bajó el telón de su trágico final en el Holocausto. Dicho todo esto sin olvidar que los reformadores pioneros arrastraban un lastre de antisemitismo, heredado de la propia tradición religiosa de la que provenían.

¿Por qué Alemania tuvo oídos sordos y no escuchó al Marx cristiano que pedía a gritos «una unión vital con Cristo» como solución a los problemas de la sociedad? ¿Por qué los oídos del 'super-hombre' se abrieron, en cambio, para escuchar al Nietszche apóstata; y, luego, topa Europa fue hipnotizada por el Marx poseso? Yo prefiero la primera versión marxista.

«Si la rama pudiera sentir, cuán alegremente miraría al labrador que la atiende, que cuidadosamente la libra de sus malezas y la ata firmemente: a la vid, de la cual saca su alimento y savia para formar más retoños hermosos... Pero, si pudiera sentir, la rama no solamente miraría hacia arriba al labrador, sino que se acomodaría cariñosamente hacia la vid, se sentiría estrechamente relacionada con ella y con las ramas que han brotado de ella. Entonces, amaría a las otras ramas tan solo porque el Labrador les sirve y la Vid les da fortaleza. Así, la unión con Cristo consiste en la más íntima comunión con Él, en tenerlo ante nuestros ojos y en nuestros corazones, y en estar impregnados del más alto amor por Él, al tiempo que tornamos nuestro corazón hacia nuestros hermanos, a los que Él ha atado tan cercanos a nosotros, y por quienes también se sacrificó».[36]

Supongo que el lector está, igual que yo, perplejo. Lo que se conoce como 'marxismo' es hoy una pieza exótica del museo sociológico de la humanidad, una simple curiosidad para investigadores especializados. Los variados socialismos de hoy no son ramas de esa vid que se ha secado y pronto será arrojada al fuego. En cambio, la vid del primer Marx sigue viva —porque es eterna— y sus vástagos se multiplican cada día. Como el anti-profeta barbudo lo expresara bellamente: «Pero este amor por Cristo no es árido, no solamente nos llena con la más pura reverencia y el más sincero respeto

---

36. Ibidem

por Él, sino causa también que nosotros mantengamos sus mandamientos, nos sacrifiquemos por los demás y seamos virtuosos solamente por amor a Él. Una vez el hombre haya obtenido esa unión con Cristo, aguardará los golpes del destino con calmada compostura, oponiendo valientemente las tormentas de la pasión y podrá resistir intrépidamente la furia de los inicuos, por cuanto ¿quién podrá oprimirlo, quién lo podrá robar de su Redentor?»[37]

¡Viva la clave marxista!

Al margen de su tremendo simbolismo, la vid es una planta formada por ramas nudosas, flexibles, largas, cortas, gruesas, delgadas, que no se enredan entre ellas inamistosamente por sus características, sino se limitan a dar fruto en la medida en que cada una lo puede hacer. Tienen 'unidad en la variedad', como deberían hacerlo las denominaciones cristianas, que son ramas de una vid a la que llamamos iglesia. Yo plagiaría a Carlos Marx para gritar: «Cristianos de todas las denominaciones, uníos».

Originaria de Asia, según acuciosos investigadores se han encargado de demostrarlo, la vid existía desde antes del diluvio, probablemente en el mismo Edén; y, sin duda, supervivió después de la aparición del arco iris; dígalo, si no, el viejo Noe, quien improvisó la primera destilería y fue víctima de su propio invento

---

37. Ibidem

El vino, producto de la vid, es un símbolo del Espíritu Santo. En la Biblia se usa como complemento alimenticio y su consumo moderado resulta conveniente en algunos casos, pero su abuso produce consecuencias fatales. Jesús mismo lo comparó con su propia sangre, lo cual es obvio: si Él es la vid, su sangre es el vino. Esa sangre es, precisamente, la savia que circula por todas las ramas adheridas a la Vid Eterna.

Clave 19

La triple clave de Tomás

> Es mejor una pequeña fe, ganada costosamente,
> lanzada sola en el infinito aturdimiento
> de la verdad.
> —Henry Drummond

«Ustedes ya conocen el camino para ir a donde yo voy. Dijo entonces Tomás: —Señor, no sabemos a dónde vas, así que ¿cómo podemos conocer el camino? —Yo soy el camino, la verdad y la vida —le contestó Jesús—. Nadie llega al Padre sino por mí. Si ustedes realmente me conocieran, conocerían también a mi Padre. Y ya desde este momento lo conocen y lo han visto». (Juan 14:4,7)

La humanidad del siglo XXI es un 'Tomás corporativo'. Como el apóstol escéptico, ha recibido mucha información sobre el camino, la verdad y la vida y todavía no tiene claro ninguno de los tres conceptos. Para él, de hecho, el camino es una quimera, la verdad una esfinge, la vida una utopía. Es posible que todo sea posible; y, por eso, el Tomás posmoderno solo hace preguntas y no le importan las respuestas.

¿EL CAMINO? —Si «todos los caminos conducen a Roma», como se decía en tiempos del imperio, no importa qué autopista, camino o atajo espiritual tomes, de todos modos llegarás a Dios, si es que Dios existe.

¿LA VERDAD? —Al fin y al cabo, la relatividad es una ley; por lo tanto, no hay una verdad absoluta, sino fragmentos de verdad en todas las verdades. Tomás no entiende que un fragmento de la verdad es una mentira completa.

¿LA VIDA? Es un dato científico que «todos los ríos llegan al mar»; entonces, cada vida tiene su propio curso independiente. Existen las vidas, no eso que, en abstracto, algunos llaman LA vida. El gran poeta español Jorge Manrique lo expresó bellamente:

> «Nuestras vidas son los ríos
> que van a dar a la mar,
> que es el morir;
> allí van los señoríos
> derechos a su acabar
> e consumir».

Tomando como brújula la ley de la relatividad universal del doctor Einstein, el Tomás de hoy está varado en el epicentro de una encrucijada, rodeado de vendedores ambulantes de abalorios religiosos. Ante sus ojos cubiertos de cataratas, se han desdibujado los perfiles nítidos: el bien y el mal, la virtud y el pecado, la veracidad y el engaño, el varón y la mujer, el cielo y el infierno, Dios y Satanás. Cada Tomás individual, a partir de sí mismo, busca su propio camino de ida y regreso, en un taoísmo generalizado. Antonio Machado sigue canturreando su tonadilla:

«Caminante, son tus huellas
el camino y nada más;
caminante, no hay camino,
se hace camino al andar.

Al andar se hace camino
Y, al volver la vista atrás,
se vuelve a mirar la senda
que nunca se ha de pisar.

Caminante, no hay camino
sino estelas en la mar».[38]

(Por Dios, Tomás-Antonio: sí hay camino; y, por cierto, tu compatriota Teresa de Jesús lo llamó 'Camino de Perfección')

Siete mil millones de soledades 'tomasinas' deambulan sobre el planeta, a tientas y a ciegas, buscando cada una su camino particular. Nada es nada ni algo es algo. Todo es algo y algo es todo. ¿Todo es todo? Hace algunos milenios, Judá, pueblo de dura cerviz, vivió una coyuntura similar a la del mundo actual, y Dios le envió al profeta Jeremías a amonestarlo de su parte: «Así dice el Señor:

---

38. Antonio Machado, *Poesías escogidas*, Colección Crisol Literario, M. Aguilar, editor, México 1976

"Deténganse en los caminos y miren; pregunten por los senderos antiguos. Pregunten por el buen camino, y no se aparten de él. Así hallarán el descanso anhelado. Pero ellos dijeron: No lo seguiremos. (Jeremías 6:16)

A causa de su sordera espiritual, los judíos fueron deportados a Babilonia y esclavizados por largos decenios. Detenidos en la actual encrucijada, los miembros del Adán-Tomás deberían indagar cuál es el buen Camino, y enderezar sus pasos hacia él, para encontrar el reposo anhelado en medio de la congoja existencial que los agobia. Desgraciadamente, se observan muchos 'taos', variadas sendas, diversos caminos, ofertas espirituales a granel. El sabio de los sabios, Salomón, acuñó este proverbio 'actualista': «Hay caminos que al hombre le parecen rectos, pero que acaban por ser caminos de muerte». (Proverbios 16:25)

Un descendiente suyo, que misteriosamente era Dios mismo y se llamaba Jesús de Nazaret, habló largamente con sus íntimos amigos antes de su encarcelamiento, juicio y pena capital. Allí estaba presente, con veinte siglos de anticipación, como transportado en un misterioso túnel del tiempo, el Tomás posmoderno, preguntando:

—Bueno, Jesús, pero ¿de qué manera podemos saber cuál es el camino? (Necio: tenías —tienes— el Camino ante tus propios ojos en forma humana. Un camino que es un hombre, el Hombre que es el Camino. Estás a un paso del Camino. Todo caminar comienza con un paso... Vamos, Tomás, anímate: empieza a caminar ahora mismo; da ese paso, por favor.)

Ya metido en el Camino, no hace falta preguntar, como Pilatos: ¿Qué cosa es la verdad? El Camino es la Verdad. No una de esas pequeñas verdades que has creído y que son grandes mentiras, absolutamente relativas y relativamente absolutas. La verdad, apreciado y confundido Tomás, no es un concepto, ni una entelequia, ni una tesis, ni una hipótesis. La Verdad es una persona que se llama Jesús de Nazaret. Por eso Él declara abiertamente: «Yo soy la verdad»".

En Colombia, mi país, vivió un Tomás especial: el poeta Gonzalo Arango, quien comandó la insurgencia intelectual conocida bajo el nombre de Nadaísmo. Pluma brillante, cultura densa, corazón sensible, el hombre era un iconoclasta intelectual, al estilo de Sartre. No dejó títere con cabeza en la política, los negocios y la religión, como es usual en los buscadores de la verdad. Finalmente, el milagro se dio. Su compañera de los últimos años. Angie-Marie Hickie, a quien él llamaba cariñosamente Angelita, ha hecho la revelación completa: «Durante nuestros siete años juntos, Gonzalo experimentó un enorme cambio en su vida y este cambio incluyó el alejamiento de la vida pública y el giro total hacia Jesucristo, hacia la soledad y la búsqueda interior... En pocas palabras, Gonzalo renació, haciendo sacrificios del ego, matando al hombre viejo que impide el renacimiento". "Dijo que si seguía leyendo se enloquecería, que no le cabía un libro más en su cabeza. Fue por eso que él mismo decidió vender su biblioteca y solo dejar unos diez libros de cabecera, entre ellos la Biblia».[39]

---

39. Gonzalo, *El hombre nuevo*, Semana.com 2/13/2007.

Después de tantos años, impacta saber que Gonzalo Arango, quien fuera una de las voces más estruendosas de la rebelión juvenil en la era *hippie*, había encontrado el Camino, la Verdad y la Vida antes de entregar su espíritu. Será grato encontrarlo en el cielo, al lado de Jesús, quizás contándole historias interminables, ahora sobre el 'Todoísmo'.

La nada lo es porque no existe. Jesucristo es Todo porque es el Ser en Sí Mismo. Toda persona sin Cristo es un nadaísta. En Cristo, el ser humano se totaliza, es decir, se convierte en todoísta. Cristo es todo en todos. Uno de los últimos poemas de Gonzalo Arango expresa:

«El nadaísmo preparó el advenimiento de Cristo
en nuestros corazones;
fue infierno con calvario al fondo,
empobreciendo el palacio de las vanidades
y los egoísmos,
hasta convertirlo en pesebrera
de nacimiento crístico».[40]

Cuando el Carpintero declara solemnemente: «Yo soy la verdad», hay alguien, agazapado en la sombra, que se retuerce de cólera: es el padre de la mentira, el mismo que se disfraza como ángel de luz para cazar a los incautos. Él es experto en trazar nuevos caminos para cada generación; y, últimamente, ha logrado confundir y refundir las señales de tránsito, estropear los semáforos y atravesar obstáculos en la vía para producir embotellamientos, desvíos, contravías, accidentes mortales.

---
40. Ibidem

Cuando Jesús proclama: «Yo soy la vida» solo ratifica lo dicho varias veces en las páginas de este libro: el Verbo, la Luz y la Vida son lo mismo. El Verbo produce luz porque es la Luz, la Luz produce vida porque es la Vida. Verbo, Luz y Vida son una trinidad en la sola persona del Dios-Hombre. ¡Esa es la clave!

Portento similar ocurre cuando se enlazan Camino-Verdad-Vida. Son tres conceptos esencialistas e integrales que constituyen uno solo: cuando se camina guiado por la hoja de ruta de la verdad, caminar es vivir verdaderamente. El camino es la verdad de la vida y la vida de la verdad. La verdad es el camino de la vida, la mentira el camino de la muerte. La vida solo tiene un camino: la verdad. «Y conocerán la verdad, y la verdad los hará libres». (Juan 8:32)

He aquí una clave maestra: la libertad nace de la verdad. Toda mentira es una forma de esclavitud. Conocer la verdad es conocer a Cristo. Él es la Verdad.

Caminar es vivir. Es esta una figura literaria obvia. Todos hablan de lo que llaman «el camino de la vida».

Dejar de caminar es morir. Otra simpleza mayor. La muerte siempre es considerada como un «detener la marcha».

No estoy interesado en hacer juegos de palabras, porque las palabras no son juego; pero la unidad conceptual exige a veces jugar con las palabras, como en la 'sopa de letras', para poder ensamblar correctamente las claves de un código.

Jesucristo es:
el camino de la verdad y la vida,

la verdad de la vida y el camino,
y la vida del camino y la verdad.

En algunos sistemas electorales antiguos los votos se depositaban en la 'urna triclave', que solo podía ser abierta con tres llaves distintas por tres funcionarios no relacionados entre sí, para evitar el fraude. La clave triple de nuestro código, Camino-Verdad-Vida, es una sola, totalmente anti-fraude, tiene solo dos letras y se llama FE.

Horas después del diálogo entre Tomás y Jesús, se desencadena el drama del encarcelamiento, el juicio, la sentencia y la muerte del Nazareno; y, finalmente, al ser izado en la cruz sobre la cumbre del mundo, el Divino Reo se convierte en el puente de comunicación entre Dios y Adán-Tomás, uniendo la tierra y el cielo por sobre el horrendo abismo de la muerte y el pecado.

Tres días después, Jesús-Camino-Verdad-Vida se levantó de entre los muertos en gloria y majestad. Cuando le dieron la buena noticia a Tomás, se negó a creerla; él era —y es hoy mismo— en su propio concepto, un hombre dotado de razón, que nunca se traga entera una información de primera mano, amigo de examinarlo todo minuciosamente antes de emitir un juicio.

Fue necesario que el Resucitado le hiciera una demostración directa y personal para que descifrara, finalmente, el acertijo, antes incomprensible para él, sobre el Camino, la Verdad y la Vida. Cayendo entonces de rodillas, no pudo contener las lágrimas mientras exclamaba a pulmón lleno: «Señor mío y Díos mío».

Clave 20

El Carpintero es la Puerta

> Haz tu corona de amor como Cristo con el oro de la humildad y los diamantes del sacrificio.
> —Gonzalo Arango

«Yo soy la puerta; el que entre por esta puerta, que soy yo, será salvo. Se moverá con entera libertad, y hallará pastos». Juan 10:9.

L as puertas bíblicas han ejercido sobre mí una fascinación tan grande que, incluso, escribí todo un libro sobre el tema. En él analizo, con curiosidad intelectual y sin grandes pretensiones, las principales puertas que las Sagradas Escrituras abren y cierran delante de nosotros, todas de profundo significado:

Las puertas de la ciudad
Las puertas del templo
Las puertas humanas.
Las puertas domésticas.

En las ciudades antiguas, las puertas cumplían funciones diversas: permitían acceso y salida de personas, animales y mercaderías; brindaban seguridad ciudadana y, también, servían como cortes de justicia, bajo cuyo amparo se reunían los ancianos de la comunidad para dirimir controversias, realizar intercambios comerciales, acordar matrimonios, etc.

El arquitecto fenicio Hiram, contratista del rey Salomón para la construcción del templo, fue especialmente cuidadoso en el diseño de las puertas del sagrado edificio, cada una con destinación específica y estratégica ubicación geográfica, que se ha prestado, en no pocos casos, para elaboradas supersticiones masónicas. 'Masón' traduce literalmente 'albañil' y los misteriosos practicantes de esta forma de ocultismo, agrupados en logias, se auto-califican como «constructores de templos».

Durante el exilio, el profeta Ezequiel tiene una visión sobre el nuevo y definitivo templo, en el cual las puertas están dotadas de un maravilloso simbolismo espiritual; pues, obviamente se trata de un edificio no hecho por albañiles con elementos materiales, sino construido por espíritus con bases y estructuras sobrenaturales.

Obsérvese que en la reconstrucción de las murallas de Jerusalén, el gran líder Nehemías le presta especial atención, recursos humanos y económicos a la reconfección de las puertas, que habían sido «consumidas por el fuego» (Nehemías 2:17). De hecho, les dio a familias especiales el honor de restaurarlas.

El ser humano constituye un edificio cuya parte visible es psico-física: el alma y el cuerpo, pero cuyo habitante es invisible: el espíritu. El edificio humano tiene, por lo tanto:

PUERTAS MATERIALES: los órganos de los sentidos. La piel, los ojos, los oídos, la nariz y la lengua son puertas sensoriales.

PUERTAS PSICOLÓGICAS: mente, emociones y voluntad. Pensar, sentir y obrar es abrir puertas intelectivas, sensitivas y volitivas.

PUERTAS ESPIRITUALES: los carismas, que se abren al mundo sobrenatural son puertas misteriosas de la revelación divina que el hombre puede abrir con autorización de Jesucristo.

Los israelitas señalaron con la sangre del cordero pascual las puertas de sus casas y, gracias a ello, el ángel exterminador pasó de largo sin causarles daño. Aquella fue una acción profética sobre lo que ocurre hoy con las casas de los redimidos, cuyas puertas están marcadas con la bendita sangre del Cordero de Dios como sello de completa seguridad.

«Tomarán luego un poco de sangre y la untarán en los dos postes y en el dintel de la puerta de la casa donde coman el cordero». (Éxodo 12:7)

«La sangre servirá para señalar las casas donde ustedes se encuentren, pues al verla pasaré de largo. Así, cuando hiera yo de muerte a los egipcios, no los tocará a ustedes ninguna plaga destructora». (Éxodo 12:13)

Las puertas han tenido a través de las edades un significado religioso evidente. Con motivo de la tan comentada, lamentada e incomprendida guerra de Irak, pasó casi inadvertido un detalle. Los invasores re-descubrieron un tesoro arqueológico de la vieja Mesopotamia: la puerta de Ishtar, que fue erigida hace muchos milenios para honrar a la diosa de la fertilidad.

Durante su acto de posesión, el presidente boliviano Evo Morales se vistió de sacerdote aborigen; y su perfil, como transpuesto de otro siglo, fue plasmado en imágenes digitales posmodernas, recortado en el horizonte andino y teniendo como marco solemne la 'Puerta del sol', misterioso acceso de los incas al mundo de los espíritus.

En los tiempos del liberalismo teológico se puso de moda la llamada «desmitologización». Hoy, por el contrario, se vive una era neopagana caracterizada por una creciente «remitologización». Acuciosos obreros se ocupan ahora mismo, día y noche, en la construcción de un nuevo monte Olimpo, morada de falsos dioses, al pie de una Atenas llamada Aldea Global, que no tiene puertas de protección.

Entre tanto, el Carpintero que nos ha acostumbrado a increíbles declaraciones sobre sí mismo, ahora suelta otra, que ya es el colmo: «Yo soy la puerta». Algunos de quienes lo escuchan probablemente habrán adquirido puertas fabricadas por él y, por eso, lo entenderían si dijera: 'Yo fabrico la puerta'. Pero nadie ha visto nunca que un carpintero sea una puerta. «Jesús les puso este ejemplo, pero ellos no captaron el sentido de sus palabras. Por eso volvió a decirles: "Ciertamente les aseguro que yo soy la puerta de las ovejas"». (Juan 10:6,7)

Oye, Carpintero, conocemos bien la Puerta de las Ovejas, está un poco más allá, a tus espaldas. Todos hemos utilizado esa puerta alguna vez para traer a la ciudad el ganado lanar para el matadero. Esa puerta fue restaurada en tiempos de Nehemías y aún sigue en pie, con sus enormes goznes de hierro. ¿Cómo puedes decirnos que tú eres esa puerta? Por favor, buen Jesús, o eres la puerta o eres el pastor que cruza por la puerta acompañado de sus ovejas.

Definitivamente las ovejas son animales torpes, tienen la vista corta y el oído pesado. Allí está su Pastor Eterno —el *raah* del Salmo 23— hablándoles personalmente, pero no lo reconocen. Por el contrario, se desconciertan aún más cuando resulta que el Carpintero ya no solo pretende ser la puerta, sino la puerta de las ovejas; y, para completar la chifladura, finalmente quiere convencer a todo el mundo de que es también el pastor. «Yo soy el buen pastor. El buen pastor da su vida por las ovejas». (Juan 10:11)

¿Un Carpintero que es una puerta, una puerta que es un pastor? Vaya, muchos de ellos son artesanos y saben algo sobre puertas, otros son pastores y entienden bastante de ovejas; y ahora viene este tipo a tratar de convencerlos de que un carpintero es una puerta y una puerta es un pastor. Sin embargo, hay también entre ellos algunos testigos de que Jesús abre los ojos de los ciegos; por lo tanto, bien podría hacer otros milagros este Carpintero-Puerta-Pastor que tiene a todo el mundo desconcertado; por ejemplo, lograr que el carpintero sea puerta y la puerta pastor. «De nuevo las palabras de Jesús fueron motivo de disensión entre los judíos. Muchos de ellos decían: "Está endemoniado y loco de remate. ¿Para qué hacerle caso?" Pero otros opinaban: "Estas palabras no son de un endemoniado. ¿Puede acaso un demonio abrirles los ojos a los ciegos?"». (Juan 10:19-21)

Uno de los iconos más firmemente grabados en el inconciente colectivo es, precisamente, el que muestra a Jesús llamando a la puerta con los nudillos de una mano, mientras en la otra sostiene una lámpara cuyo resplandor se extiende por todo el contorno venciendo las tinieblas. Se trata, por supuesto, de la conocida escena del libro de Apocalipsis: «Mira que estoy a la puerta y llamo. Si alguno oye mi voz y abre la puerta, entraré, y cenaré con él, y él conmigo». (Apocalipsis 3:20)

Resulta significativo que en todas las iglesias de Apocalipsis Jesucristo se halle situado dentro del templo, menos en la de Laodicea, a la cual se dirige el mensaje citado. Allí el Señor está afuera, a la intemperie, golpeando a la puerta sin cesar, a ver si hay alguien, un solo feligrés obvio, a quien se le ocurra la idea elemental de abrirle la puerta al Dueño de casa. Laodicea es, en términos generales, la iglesia cristiana de la posmodernidad.

Hay dos obras de arte que me conmueven al respecto, entre las muchísimas que han recibido inspiración en la imagen de Apocalipsis. Una es literaria y se trata de un clásico soneto castellano, obra del llamado «fénix de los ingenios», Lope de Vega:

«¿Qué tengo yo que mi amistad procuras?
¿Qué interés se te sigue, Jesús mío,
que a mi puerta, cubierta de rocío,
pasas las horas del invierno a oscuras?

¡Oh, cuánto fueron mis entrañas duras
pues no te abrí! ¡Qué extraño desvarío
si de mi ingratitud el hielo frío
secó las huellas de tus plantas puras!.

Cuántas veces el ángel me decía:
—Alma, asómate ahora a la ventana,
verás con cuánto amor llamar porfía;

Y cuántas, hermosura soberana,
'mañana le abriremos', respondía,
para lo mismo responder mañana».[41]

La otra obra de arte a la que me refiero es el famoso lienzo del pintor William Holman Hunt, *Luz del mundo*, que representa a Jesús llamando a la puerta. Se dice que, cuando el cuadro fue develado al público, había en

---

41. *Los clásicos, Antología de poetas líricos castellanos*, Grolier Internacional, 1978. p. 235

el lugar un aguafiestas, porque nunca falta alguien así; y, en medio de los elogios, el hombre comentó que el cuadro era defectuoso, porque el maestro había olvidado un detalle elemental: la puerta no tenía picaporte; a lo cual Hunt, de inmediato, aclaró:

—No se trata de un olvido de mi parte, solo que esa es la puerta del corazón humano y solo puede abrirse desde adentro.

¡Esa es la clave!

En el episodio comentado, las cosas se complican aún más cuando el Carpintero que dice ser la Puerta, ahora es quien llama a la puerta. ¿Una puerta que toca a otra puerta? Esa idea no se le habría ocurrido ni siquiera a Guiillaume Apollinaire, «abuelo» del movimiento surrealista.

«Yo soy la Puerta» significa: el único acceso a Dios se logra a través de mí.

«Yo estoy a la puerta y llamo» significa: si quieres encontrar La Puerta con mayúsculas tienes que abrir tu puerta con minúscula.

La puerta con minúscula es solo una entre muchas puertas. Cada ser humano es una minúscula puerta. La Puerta con mayúsculas es una sola, la única (Jesús-Puerta), a través de la cual se entra, no a la presencia de Dios, sino a Dios mismo.

Francisco María Arouet, mejor conocido como Voltaire, fue profundamente desorientado desde la juventud por la lectura de textos literarios y filosóficos, grandes puertas del Hades abiertas por autores ateos, tan abundantes en su época, que era de cambios radicales como la nuestra.

Muchos de sus escritos fueron portazos en las narices de Jesucristo. Pocos intelectuales han ejercido una influencia más grande y malsana que Voltaire en las generaciones que lo han precedido. Sin embargo, al parecer, al final de su vida atormentada, abrió la puerta de su corazón a Jesucristo, a través de una declaración firmada de su puño y letra en la cual le pedía a Dios perdón por sus pecados.

Este célebre tío-bisabuelo del jesuita y paleontólogo Pierre Teihlard de Chardin, se quejaba de haber sido abandonado por Dios y por los hombres, y en el último año de su vida, 1778, en la localidad de Ferney, donde agonizaba, lo oyeron gritar con frecuencia en tono lastimero: «¡Oh, Cristo! ¡Oh, Jesucristo!»[42]

Hay un contraste evidente entre La Puerta con mayúsculas y las puertas con minúsculas. Mientras La Puerta-Jesús permanece todo el tiempo abierta, muchas puertas-adanes están siempre cerradas. Pero nadie se engañe: no es posible entrar por La Puerta con mayúscula si primero no se abre la puerta con minúscula. Cuando Jesús entra a mí por la puerta individual que yo soy, yo entro a Dios por la Puerta Universal que es Jesús.

¿Cómo obtengo acceso a la Puerta Eterna? Es sencillo: su llave tiene dos aristas: la fe y el amor, y su cerradura, es esa gran herida en el costado de Jesucristo. A través de ella, puedo penetrar al corazón de Dios.

---

42. *Ilustraciones*, Casa Bautista de los Ángeles, Los Ángeles, California, EUA. l969, Narraciones 61 y 64, Sección Ateísmo, p, 47 y 48.

Clave 21

Dios no quiso ser soltero

Cierto es que el Cristianismo representa la única vía segura hacia la felicidad.
—Ludwig Wittgemstein

«¡Alegrémonos y regocijémonos y démosle gloria! Ya ha llegado el día de las bodas del Cordero. Su novia se ha preparado, y se le ha concedido vestirse de lino fino, limpio y resplandeciente». (Apocalipsis 19:7,8)

En un libro llamado *El Código Jesús*, el titular de este capítulo podría levantar sospechas sobre un hipotético matrimonio del Dios-Hombre, según la blasfema idea que se ha puesto de moda. Desde hace varios siglos se han tejido leyendas sobre María Magdalena, un personaje de veras importante en los relatos evangélicos.

Pertenecía a un grupo de mujeres distinguidas que apoyaban económicamente el ministerio de Jesús, quien la había liberado de siete demonios que la atormentaban (Lucas 8:1,3). Estuvo presente en el Calvario durante la crucifixión y muerte de Jesús (Mateo 27:55,56). Acompañó a su madre, también llamada María, durante el rito funerario (27:61). Fue el primer testigo de la resurrección (Juan 20:11,17) y la encargada de dar la buena noticia a los discípulos (20:18).

No pocos han fusionado en ella a varias Marías, y a algunas mujeres de otros nombres, como si se tratara de una sola persona. La palabra 'Magdalena' es un gentilicio, e indica que esta María era oriunda de Magdala, un pueblo costero del Mar de Galilea. Es una arbitrariedad buscar cualquier conexión entre ella y la prostituta arrepentida que unge los pies de Jesús en un banquete, de quien el evangelio ni siquiera menciona el nombre. Son, a todas luces, dos personas distintas.

No pocos la confunden, así mismo, con María de Betania, la hermana de Lázaro y Marta, que es un personaje bien diferente, tanto de la prostituta como de María Magdalena. En realidad se trata de tres Marías bien diferenciadas entre sí. ¿A qué se debe la confusión? A ignorancia, falta de rigor investigativo o simple mala fe.

El género literario que podríamos llamar 'religión-ficción' ha encontrado una mina de oro inagotable en ese tipo de especulaciones. Para citar un caso bien conocido, la opereta rock 'Jesucristo Superstar' integró las tres Marías en un solo personaje con notable éxito de taquilla. Curiosamente, nadie ha identificado a María Magdalena con otras mujeres homónimas bien conocidas en las Sagradas Escrituras, como María la mujer de Cleofás y madre de Santiago el menor, María la madre del evangelista Marcos, y María de Roma, a quien saluda San Pablo al escribir a los creyentes de esa ciudad. Estas Marías no llaman la atención de los autores de 'religión-ficción', porque llevaron vidas normales.

Muchos comentaristas excelentes han hecho claridad sobre la malévola pretensión de un matrimonio humano de Jesucristo y no vale la pena dedicarle más tiempo y espacio a un tema que debe reposar en el lugar adecuado: el bote de las basuras. Se trata de una blasfemia contra el Dios-Hombre y una calumnia contra una mujer piadosa.

Cambiando de tema, la Iglesia Católica Romana, dentro de su particular apreciación de la virgen María, ha llegado a considerarla como la «esposa de Dios», calificación meramente simbólica que no resiste un análisis serio. Si Dios no tiene madre, como ya lo hemos visto, tampoco puede tener esposa en la acepción literal de la palabra. María no es madre de Dios ni esposa de Dios.

Si una mujer pudiera ser esposa de Dios, sería 'Diosa'. Solo las mitologías aceptan el mestizaje de dioses y mujeres para producir semidioses. Pero Jesucristo no es un semidiós, sino Dios mismo encarnado en un ser humano. Así como no existe el centauro —mitad hombre y mitad caballo—, ni la sirena —mitad mujer y mitad pez—, no existe, ni puede existir, alguien que sea mitad Jesús y mitad Cristo, un monstruo divino-humano inaceptable.

—¿Puede Dios casarse?
—¡Claro que sí!

Pero, por favor, no me malentiendan. La influencia freudiana sobre la sociedad del siglo XX fue tremenda; y, por causa de ella, la idea generalizada sobre el matrimonio era que se trataba de una simple legalización del sexo, para aparecer dignos ante la anticuada y sobreviviente comunidad puritana.

En el recién inaugurado siglo XXI las cosas han ido aún más lejos: el matrimonio es ya una institución de museo, puramente decorativa e inservible. Las parejas prefieren ir directamente a la cama en forma casual y, si las cosas funcionan, hacen el experimento de juntarse sin compromiso. Cuando algo falle, el asunto se arreglará con un simple «adiós» entre personas civilizadas, sin necesidad de engorrosos papeleos legales.

En medio de tal situación, vastos sectores de la iglesia cristiana en todas sus denominaciones siguen considerando al matrimonio como un simple medio provisto por Dios para la reproducción, o una graciosa concesión a la debilidad humana, pasando por alto las múltiples funciones que evidentemente tiene la sagrada institución matrimonial y que pueden resumirse así:

PACTO DE COMPAÑÍA: En lo primero que Dios piensa es en que el hombre no esté solo. El matrimonio es un remedio contra la soledad, como es bien claro en las Sagradas Escrituras (Génesis 2:18a)

AYUDA ADECUADA: El hombre, mayordomo de la tierra, tiene en la mujer una socia con quien co-administra bienes, tanto intangibles como materiales, que son propiedad de Dios (Génesis 2:18b)

BENDICIÓN Y MULTIPLICACIÓN: Dios crea al ser humano, hombre y mujer, y, de inmediato los bendice ordenándoles multiplicarse. De esta manera, les delega parte de su capacidad creadora para generar nuevos seres (Génesis 1:27,28a)

PUREZA: El matrimonio, como lo expresa san Pablo, es una póliza de seguro para proteger la pureza personal, un muro de contención contra las tentaciones que conducen a la inmoralidad sexual. (1 Corintios 7:1,5)

DELEITE MUTUO: La Biblia deja bien claro que el sexo es bueno, fue creado y reglamentado por Dios, quien quiere y ordena que el hombre y la mujer se deleiten el uno en el otro en la gratificante relación erótica dentro del matrimonio monógamo heterosexual. (Cantar de los cantares).

Sigmund Freud califica al amor como una simple sublimación del sexo; pero Erich Fromm lo refuta con presteza al reconocer que, bien por el contrario, la relación sexual es una manifestación objetiva del amor. El padre del psicoanálisis tenía lo que comúnmente se conoce como «inversión de valores».

Puestas las cosas en su sitio, ¿qué significa, entonces, la afirmación de que Dios tiene una esposa? ¿Cómo debe entenderse el texto de Apocalipsis sobre las Bodas del Cordero? Como siempre debe hacerse, para llegar a la conclusión correcta sobre un tema, hay que armonizar todos los textos que tratan del mismo. La alegoría de un matrimonio espiritual Cristo-Iglesia ha sido dado por San Pablo al hablar del matrimonio natural Hombre-Mujer: «Esposas, sométanse a sus propios esposos como al Señor. Porque el esposo es cabeza de su esposa, así como Cristo es cabeza y salvador de la iglesia, la cual es su cuerpo. Así como la iglesia se somete a Cristo, también las esposas deben someterse a sus esposos en todo. Esposos, amen a sus esposas, así como Cristo amó a la iglesia y se entregó por ella». (Efesios 5:22-25)

Dicho en otras palabras: el esposo representa a Cristo, la esposa a la iglesia; y, cuando ese misterio se discierne correctamente, la mujer ama y respeta a su marido como al Señor; y el marido, sin remedio, debe estar dispuesto a morir sacrificialmente por su mujer. Esto no es erotismo sino heroísmo. El apóstol avanza en su disertación y concluye: «Así mismo el esposo debe amar a su esposa como a su propio cuerpo. El que ama a su esposa se ama a sí mismo, pues nadie ha odiado jamás a su propio cuerpo; al contrario, lo alimenta y lo cuida, así como Cristo hace con la iglesia, porque somos miembros de su cuerpo. "Por eso dejará el hombre a su padre y a su madre, y se unirá a su esposa, y los dos llegarán a ser un solo cuerpo" Esto es un misterio profundo; yo me refiero a Cristo y a la iglesia». (Efesios 5:28-32)

La unión de un hombre y una mujer en el matrimonio, que se da en el mundo natural, es una representación objetiva, a nuestro limitado alcance, de lo que ocurre en el mundo sobrenatural, donde Jesucristo es el esposo y la iglesia es la mujer, Adán-Jesús y Eva-Iglesia en una nueva creación. Es por eso que algunos místicos vieron en el Cantar de los cantares una exposición simbólica del matrimonio entre Cristo y la Iglesia.

Si algo demuestra la existencia de Dios es la complejidad del ser humano, que no puede ser obra del azar. Por eso, los avances científicos más sobresalientes del cruce de siglos y milenos que vivimos tiene que ver con el descubrimiento del genoma humano y su decodificación, que le han dado a la reproducción humana un nuevo significado.

Cuando escribía precisamente sobre el matrimonio para este libro he recibido, como caído del cielo, un correo de Internet que me llena de sana alegría y satisfacción. Voy a copiarlo textualmente porque se comenta a sí mismo y por sí mismo: «EL DESCUBRIDOR DEL GENOMA HUMANO SE HIZO CRISTIANO. "31-01-2007. Washington, (Agencias/ACPress) Francis Collins confiesa en su libro *El lenguaje de Dios*, que el descubrimiento del genoma humano le permitió vislumbrar el trabajo de Dios. Reivindica que hay bases racionales para un Creador y que los descubrimientos científicos llevan al hombre más cerca de Dios. Collins explica que cuando da un gran paso adelante en el avance científico es un momento de alegría intelectual; pero es también un momento en que siente cercanía con el Creador en el sentido de estar percibiendo algo que ningún humano sabía antes, pero que Dios sí conocía desde siempre. Francis Collins fue ateo hasta los 27 años, cuando siendo un joven médico, le llamó la atención la fuerza de varios de sus pacientes más delicados de salud y que, en vez de quejarse a Dios, parecían apoyarse en su fe como una fuente de fuerza y consuelo Luego leyó *Mere Christianity* [Mero Cristianismo] del protestante C.S. Lewis, que lo ayudó a volver su corazón a Dios y convertirse. El científico considera que los milagros son 'una posibilidad real' y descartó que la ciencia sirva para refutar la existencia de Dios, debido a que está confinada al mundo 'natural'».

¿Qué tiene qué ver el genoma con el matrimonio? Mucho en realidad. La unión del hombre y la mujer hace posible que el genoma se preserve al multiplicarse. Pero nunca se olvide que hay un «genoma espiritual» del cual proviene la nueva criatura, engendrada sobrenaturalmente en el matrimonio de Cristo y la Iglesia, que también se preserva y multiplica sin cesar. Vitalismo espiritual.

Clave 22

La anatomía de Cristo

> Cristo es la cabeza de la Iglesia, y esta es su cuerpo. De ahí que el Cristo y la Iglesia sean necesariamente interdependientes.
> —Paul Tillich

«De hecho, aunque el cuerpo es uno solo, tiene muchos miembros, y todos los miembros, no obstante ser muchos, forman un solo cuerpo. Así sucede con Cristo». (1 Corintios 12:12)

E l apóstol Pablo hace tres comparaciones objetivas para explicar lo que es la iglesia: una agrícola, otra arquitectónica, la tercera anatómica. Se observa que él sabía utilizar hábilmente recursos de la cultura grecorromana para abrir el entendimiento de sus lectores y oyentes. Algo que conviene hacer en toda época, aunque hoy resulte dispendioso por lo multifacética que es la cultura posmoderna.

En la primera comparación, la agrícola, la iglesia es sementera, labranza, campo de cultivo de Dios. «Yo sembré, Apolos regó, pero Dios ha dado el crecimiento. Así que no cuenta ni el que siembra ni el que riega, sino sólo Dios, quien es el que hace crecer. El que siembra y el que riega están al mismo nivel, aunque cada uno será recompensado según su propio trabajo. En efecto, nosotros somos colaboradores al servicio de Dios; y ustedes son el campo de cultivo de Dios... (1 Corintios 3:6-9)

Los romanos tenían una agricultura muy desarrollada para su tiempo, de lo cual deja constancia el poeta Virgilio en sus *Bucólicas* y *Geórgicas*, que exaltan las labores agropecuarias propias del Imperio. La cosecha, la caza y la pesca eran —son aún hoy— actividades de escasa productividad; por eso, la invención de la agricultura y la ganadería fue toda una revolución, a través de la cual el hombre empezó a controlar a la naturaleza. Para la época del Imperio Romano el avance era considerable.

Durante el siglo XX, el campesinado fue perdiendo importancia debido al colosal empuje de la agroindustria que, en los Estados Unidos de América, se ha transformado en el coloso que Amitai Etzioni llama «el agro-poder»; y, muy pronto, quizás, el labriego de pico y pala será un *cliché* recordatorio de tiempos rústicos. Hay una anécdota que tiene relación con el tema. Cuando un desconocido poeta fue premiado al presentar como suyos unos versos campesinos originales de Virgilio, el verdadero autor compuso su célebre *sic vos non bovis* que sigue la misma línea rural:

«Así vosotros, y no para vosotros,
lleváis vuestra lana, ovejas,
sacáis vuestra miel, abejas,
y cargáis el arado, bueyes».

Ovejas, abejas y bueyes son animales bíblicos. La experiencia de Virgilio es algo que ocurre frecuentemente en la sementera, labranza o campo de cultivo de Dios. Hay cizaña infiltrada (Mateo 13:25) y un demonio que se llama 'espíritu de competencia'. El propio Pablo recomienda severamente «no edificar sobre fundamento ajeno» (Romanos 15:20). Y, a propósito, la segunda comparación paulina nos dice que la iglesia es el edificio de Dios: «Según la gracia que Dios me ha dado, yo, como maestro constructor, eché los cimientos, y otro construye sobre ellos. Pero cada uno tenga cuidado de cómo construye, porque nadie puede poner un fundamento diferente del que ya está puesto, que es Jesucristo». (1 Corintios 3:10,11)

Esta imagen coincide con la idea expresada por el apóstol Pedro sobre la construcción de una casa espiritual con piedras vivas, que son los creyentes. (1 Pedro 2:4,5). Los dos apóstoles se valen de un tema favorito de los griegos y los romanos por igual: la construcción, y especialmente la arquitectura, fue refinada en el Mar Egeo y había progresado aún más en Roma. Hoy el turismo se beneficia grandemente en Grecia e Italia gracias a la supervivencia de asombrosas edificaciones que atestiguan el pasado histórico de tales naciones.

Ciencia y arte al mismo tiempo, la arquitectura ha sido especialmente cuidadosa cuando de construir templos se trata. El diseño, los materiales preciosos, los espacios calculados para las necesidades del culto, todo ello sumado al ambiente espiritual que en ellos se respira, hacen de tales edificios lugares dignos de admiración general. Lo que Pablo quiere transmitir es la idea de un edificio no hecho por manos de obreros humanos con recursos materiales, sino un templo elaborado con espíritus como bloques vivos, intangibles pero reales.

La tercera comparación paulina para explicar la iglesia está basada en una ciencia que tenía mucho auge en su época, especialmente entre los griegos y los egipcios helenizados: la medicina, de manera específica la anatomía, objeto de profundos estudios en la gran universidad de Alejandría, donde, al parecer, estudió el doctor Lucas. Como por fuerza de gravedad pienso en Isaac Newton, quien decía: «En ausencia de toda otra prueba, el dedo pulgar solo me convencería de la existencia de Dios». Cuánto, más —pienso yo— la neurona, que, según Theodore H. Bullock: «...Es como una persona en miniatura, teniendo personalidad, teniendo toda una variedad de partes disímiles, teniendo acciones espontáneas y bajo estímulo. Habla finalmente con una voz que integra todo lo que hubo antes».[43]

¡Qué acierto llamar a la iglesia «Cuerpo de Cristo»! Solo el Espíritu Santo pudo tener una ocurrencia semejante. La 'teociencia' certifica la explosión de un milagro biológico-espiritual: la creación de un nuevo ADN que se implanta directamente en la regeneración, e identifica cien por ciento a las nuevas criaturas. «Cuerpo de Cristo» es, pues, una maravilla de precisión conceptual, algo que no podía venir sino a través de una revelación directa de Dios.

«Ahora bien, el cuerpo no consta de un solo miembro sino de muchos. Si el pie dijera: "Como no soy mano, no soy del cuerpo", no por eso dejaría de ser parte del cuerpo. Y si la oreja dijera: "Como no soy ojo, no soy del cuerpo", no por eso dejaría de ser parte del cuerpo. Si todo el cuerpo fuera ojo, ¿qué sería del oído? Si todo el cuerpo fuera oído, ¿qué sería del olfato? En realidad, Dios colocó cada miembro del cuerpo como mejor le pareció. Si todos ellos fueran un solo miembro, ¿qué sería del cuerpo? Lo cierto es que hay muchos miembros, pero el cuerpo es uno solo». (1 Corintios 12:14-20)

Ahora mismo, cuando escribo, mis manos digitan sobre el teclado y mis ojos siguen el curso de las palabras que van apareciendo en la pantalla. Mientras medito en la próxima frase, tomo un sorbo de café colombiano; mi nariz se satura de su aroma y mi lengua degusta su

---

43. Philip Yancey, Dr. Paul Brand, *Temerosa y maravillosamente diseñado*, Editorial Vida, Miami, 2006, p. 195

sabor, mi sistema nervioso se lubrica y mi psiquis siente euforia. Simultáneamente, mis oídos escuchan el 'Mesías' de Haendel y mis pies llevan rítmicamente el compás, en un leve zapateo, con su coro de 'Aleluya'. Mi cabeza dirige toda esa múltiple actividad en forma perfectamente sincronizada. «Dios sometió todas las cosas al dominio de Cristo, y lo dio como cabeza de todo a la iglesia. Ésta, que es su cuerpo, es la plenitud de aquel que lo llena todo por completo». (Efesios 1:22,23)

Entonces pienso en lo que debe ocurrir en la relación Logos-Cosmos, de la cual Cristo es la cabeza y su cuerpo lo forman las galaxias, las nebulosas, los 'universos paralelos' en constante expansión. Recuerdo entonces a mi viejo conocido Job, quien, aún en medio del dolor y las penurias, sacaba fuerzas de debilidad para exaltar esa Fuerza cohesiva que lo sostiene todo en el abismo eterno: «Él remueve los cimientos de la tierra y hace que se estremezcan sus columnas. Reprende al sol, y su brillo se apaga; eclipsa la luz de las estrellas. Él se basta para extender los cielos; somete a su dominio las olas del mar. Él creó la Osa y el Orión, las Pléyades y las constelaciones del sur. Él realiza maravillas insondables, portentos que no pueden contarse». (Job 9:6-10)

Es ya primavera y, a través de la ventana de mi biblioteca, veo un cielo que luce inusualmente estrellado. Pienso en viejas premisas que hoy me parecen absurdas. ¿Cómo pudo Jacques Monod escribir que «el hombre está perdido en la inmensidad del universo, de donde él emerge por azar»? O ¿cómo pudo Weinberg afirmar fríamente: «entre más comprendemos el universo, más nos parece vacío de sentido»?

La hípótesis de una creación nacida del azar es angustiosa. Ahora comprendo a Einstein cuando dijo: «Dios no juega a los dados con el universo». De pronto, siento un leve temor de caer en el panteísmo, como a veces le ocurre a Paul Tillich; y, por instinto de conservación espiritual, vuelvo a refugiarme seguro en las sentencias del cosmólogo Pablo.

«Porque por medio de él fueron creadas todas las cosas en el cielo y en la tierra, visibles e invisibles, sean tronos, poderes, principados o autoridades: todo ha sido creado por medio de él y para él. Él es anterior a todas las cosas, que por medio de él forman un todo coherente. Él es la cabeza del cuerpo, que es la iglesia». (Colosenses 1:16-18a)

Esta última frase: «Él es la cabeza del cuerpo, que es la iglesia», me aterriza de nuevo en la realidad operativa y funcional de la iglesia: este minúsculo grano de arena del desierto cósmico que es el planeta Tierra, donde un día Él se hizo carne humana. Con los ojos húmedos, trato de concentrarme en mí mismo y me pongo a pensar: soy un miembro del cuerpo de Cristo, que es ese misterioso organismo vivo que llamamos Iglesia. Mi prueba de laboratorio genética-espiritual es positiva cien por ciento: tengo el ADN de mi Padre Celestial. «Ahora bien, ustedes son el cuerpo de Cristo, y cada uno es miembro de ese cuerpo». (1 Corintios 12:27)

Inclino mi rostro, cierro mis ojos y elevo una pequeña plegaria, con voz conmovida: «Señor, que yo sea la molécula más sensible de la cicatriz que tienes en el pecho, o la uña del dedo meñique de tu mano izquierda, o la ceja de tu ojo derecho, o ese poro en tu frente. ¡qué se yo!, lo que sea, hazme un buen miembro de tu Cuerpo, Amén».

La idea de una labranza, sementera o campo de cultivo es preciosa. De hecho, el propio Jesús empleó reiteradamente metáforas similares: el sembrador, el grano de mostaza, el grano de trigo, la higuera estéril, la higuera verdecida, la vid y sus ramas, etc. En lo pecuario, nada más elocuente que un rebaño siguiendo a su pastor.

La comparación con un edificio es sólida. Jesús mismo habló de construir la Casa sobre la Roca, a prueba de inundaciones, huracanes y tempestades. El hombre mismo es un edificio: el templo del Espíritu Santo. Y allí, en lo más íntimo e inviolable, hay la morada interior —en el griego se llama *katalyma mou*— que es «mi habitación, mi sala de huéspedes» donde Jesús quiere habitar para siempre.

La figura anatómica-fisiológica-neurológica «Cuerpo de Cristo» no es puramente literaria. Se trata de una realidad vital. Los creyentes integramos la intrincada pero armónica red de miembros que, interconectados entre sí, obedecen a la cabeza, que es Cristo, y el Espíritu Santo distribuye los fluidos vitales y dinamiza el sistema nervioso que lleva las órdenes a las coyunturas, al último músculo, al más pequeño cartílago, a la insignificante pestaña. Si todos entendiéramos algo tan simple, las cosas funcionarían mejor: «El ojo no puede decirle a la mano: "No te necesito." Ni puede la cabeza decirles a los pies: "No los necesito." Al contrario, los miembros del cuerpo que parecen más débiles son indispensables, y a los que nos parecen menos honrosos los tratamos con honra especial. Y se les trata con especial modestia a los miembros que nos parecen menos presentables, mientras que los más presentables no requieren trato especial. Así Dios ha dispuesto los miembros de nuestro cuerpo, dando mayor honra a los que menos tenían, a fin de que no haya división en el cuerpo, sino que sus miembros se preocupen por igual unos por otros. Si uno de los miembros sufre, los demás comparten su sufrimiento; y si uno de ellos recibe honor, los demás se alegran con él». (1 Corintios 12:21-26)

Para descifrar esta clave quiero sentarme como un niño ignorante en el aula escolar al inicio de clases, abierto al aprendizaje, sin prevenciones, sosteniendo hojas en blanco donde se puede escribir algo nuevo, con los ojos abiertos sobre los grabados que muestran las distintas partes del cuerpo humano y, luego todas, armonizadas, en funcionamiento perfecto.

La anatomía me enseña la composición orgánica, la fisiología me adiestra sobre su funcionamiento, la neurología me aclara la conexión misteriosa entre el cerebro y todos los miembros. Pasa por mi mente un pensamiento fugaz: talvez Lucas, el médico de Antioquía, le dio charlas a Pablo sobre este asunto, mientras le recetaba hierbas para sus molestias de salud.

El periodista cristiano Philips Yancey se ha aliado con un Lucas posmoderno, el doctor Paul Brand, y los dos han producido un libro que acabo de leer: *Temerosa y maravillosamente diseñado*, un auténtico ensayo de neuroteología, en el cual se analizan las funciones paralelas del cuerpo humano y el «Cuerpo de Cristo» de modo impresionante. Allí encuentro percepciones como esta: «Un cuerpo análogo, igual de avanzado y activo como los seguidores del Cuerpo de Cristo, también necesita un esqueleto con dureza para darle forma, y la doctrina de la iglesia es justo ese esqueleto. Dentro del cuerpo vive un núcleo de verdad que nunca cambia: las leyes que gobiernan nuestra relación con Dios y con los demás».[44]

Ahora caigo en la cuenta de por qué Martín Lutero calificaba los dogmas como «doctrinas protectoras». La ortodoxia es el esqueleto del cuerpo crístico. Estoy maravillado. Jesús, como es apenas natural, tenía un cuerpo físico similar al mío. Está claro que se fatigaba, sentía hambre y sed; ahora yo me pregunto: —¿Sentiría jaqueca alguna vez? ¿Le dolerían las muelas? ¿Tendría siquiera un resfriado en el fin de semana? No son preguntas ilógicas si pensamos en que era un ser humano con todas las limitaciones propias de nuestra especie, que fue concebido en un útero femenino, creció durante nueve meses, fue dado a luz, le cortaron el ombligo, le dieron leche materna, lo envolvieron en pañales.

---

44. Ibidem

Algunos cristianos dirán que mis preguntas son necedades, puesto que Jesús, siendo la fuente de la sanidad para tantos pacientes, mal podría sufrir quebrantos de salud. Objeción: varias personas se han sanado cuando oré por ellas hallándome yo mismo enfermo. Otros argumentarán que, si Jesús era impecable, mal podría enfermarse. Objeción: la enfermedad no es en todos los casos un signo de pecado.

¡Perdón! Estas especulaciones carecen de sentido, solo que vinieron a mi mente al hablar de anatomía, fisiología y neurología. No son temas relevantes ahora. Lo que importa es saber que Jesús el Cristo tiene un cuerpo natural, glorificado después de la resurrección, pero que posee también un cuerpo espiritual que es la Iglesia, de cuya anatomía formamos parte los regenerados.

Cuando me duele la garganta, aunque el dolor tiene un núcleo localizado, todo mi cuerpo participa de él. Si suelto una carcajada, aunque el placer está focalizado en mi dentadura, todo mi cuerpo se alegra con la risa. Esa solidaridad debe darse en el Cuerpo de Cristo. No hay miembros autónomos ni independientes en ningún organismo. Señor: haz que mi hermano disfrute mi sonrisa y que yo sufra su dolor.

Clave 23

EL CRUCIGRAMA ETERNO

> Ninguna verdad natural puede contradecir
> a la eterna verdad revelada.
> —IGNACE LEEP

«Aunque soy el más insignificante de todos los santos, recibí esta gracia de predicar a las naciones las incalculables riquezas de Cristo, y de hacer entender a todos la realización del plan de Dios, el misterio que desde los tiempos eternos se mantuvo oculto en Dios, Creador de todas las cosas. El fin de todo esto es que la sabiduría de Dios, en toda su diversidad, se dé a conocer ahora, por medio de la iglesia, a los poderes y autoridades en las regiones celestiales, conforme a su eterno propósito realizado en Cristo Jesús nuestro Señor. En él, mediante la fe, disfrutamos de libertad y confianza para acercarnos a Dios». (Efesios 3:8-12)

Hace alrededor de dos mil años vivió Pablo de Tarso, un hombre que hoy sería el habitante más representativo de la Aldea Global debido a su múltiple característica étnica-religiosa-nacional-cultural-geográfica: judío de raza y religión, romano por ciudadanía, griego de cultura, turco de nacimiento, persa de vecindario. Él fue el instrumento utilizado por Dios para mostrar al mundo entero cosas antes no reveladas, lo que la Biblia llama desde la antigüedad «tesoros escondidos»:

1) LAS RIQUEZAS DE CRISTO. Al descifrar las claves del Código Maestro, se entra directamente al depósito de los tesoros reservados por Dios desde siempre para quienes acepten ser sus hijos. (v. 8)

2) EL PLAN DE DIOS. En la oficina de planeación del cielo se ha diseñado en detalle el presupuesto de la historia universal y la hoja de ruta de las vidas individuales. Los hijos de Dios se mueven en el plan del Padre. (v. 9ª)

3) EL MISTERIO OCULTO. Dios guardó en su corazón informaciones valiosas que daría a sus hijos adoptivos cuando el tiempo se cumpliera en la humanización de su Hijo Unigénito, quien los haría sus hermanos.(v. 9b)

4) LA SABIDURÍA DE DIOS. Los adoptivos, integrados en la Iglesia, tienen acceso directo al banco de datos del Espíritu Santo para responder adecuadamente a los poderes y autoridades que operan en las regiones celestes. Entiéndase 'demonios'. (v. 10)

5) EL ETERNO PROPÓSITO. Utilizando sencillamente la clave de la fe, abrimos con confianza y libertad el acceso directo a Dios que es Jesucristo, quien les da propósito a todas las cosas.(v. 11)

Hay un pecadillo que debo confesar: soy adicto a los crucigramas. Cuando disfruto cortos períodos de descanso, me ocupo en resolverlos casi compulsivamente; y, si se comprometen a no calificarme de orgulloso, les cuento un secreto: soy bueno en esa clase de pasatiempos.

En un breve receso de la escritura de este libro, mientras llenaba, borraba y volvía a llenar casillas de un crucigrama, mi mente —que es esencialmente lingüística— me recordó que la palabra 'crucigrama' está formada de dos vocablos: 'cruz', que se define por sí mismo, y 'gramma' que es, en griego, 'letra'. Las letras son signos que forman las sílabas, y las sílabas son sonidos que forman las palabras. Crucigrama es «cruz y gramma», es decir, palabras en cruz. Cruz y Palabra. Esta es la clave.

Medito, entonces, sobre el misterio profundo del Calvario. En la cumbre de este pequeño monte de Jerusalén se descifró el gran crucigrama del hombre caído, del Adán irredento. Allí la Palabra se entrelazó con la Cruz y todo enigma fue resuelto. Allí yo fui un 'gramma', una letra del alfabeto divino escrita con sangre indeleble. Mi crucigrama vital está resuelto, no necesito borrar ni reescribir una sola sílaba. Jesucristo llenó la última casilla. «Todo se ha cumplido» (Juan 19:30). Cruz y Gramma.

Lo más fascinante de todo esto es el carácter integralista del evangelio y la universalidad de su aplicación. El historiador británico Paul Johnson ha intentado resolver las paradojas propias del cristianismo a través de una serie de tajantes preguntas que sorprenden e inquietan a las mentes escépticas y, aún, a las francamente adversas al mensaje de Jesús: «¿Cómo podrían manifestarse las intenciones de Dios de tal modo que fuesen entendidas por todos los hombres y por toda la eternidad? Asimismo, ¿cómo era posible que una solución contuviese elementos significativos para todos los tipos y todos los temperamentos de hombres, así como para todas las razas y las generaciones? ¿Cómo podría transmitir un sentimiento de apremio e inmediatez, y al mismo tiempo ser válido para toda la eternidad? ¿Cómo podría promover en la mente de los hombres una confrontación con Dios que fuese simultáneamente pública y colectiva, e individual e íntima? ¿Cómo podía combinar un código de ética en un marco de rigurosa justicia y una promesa de generosidad sin precedentes?... Lo que maravilla es que la personalidad que está detrás de la misión no se fragmenta, y por lo contrario siempre está integrada y es fiel a su propio carácter. Jesús consigue ser todo para todos los hombres al tiempo que permanece fiel a sí mismo».[45]

En la posmodernidad se han agotado los recursos en contra de un Jesús histórico. Hay más evidencia sobre Él

---

45. Paul Johnson, *Historia del cristianismo*, Javier Vergara, editor, S.A. Buenos Aires, Argentina, 1989, p. 42, 43

que sobre cualquier otro personaje de la historia humana en cualquier época. Hoy es un mito la pretensión de que Jesús es un mito. Abundan los testimonios históricos no cristianos de bien conocidos escritores del Imperio Romano, como Plinio el Joven (año 110), Suetonio (120) y Tácito (116), entre otros. Es especialmente significativo el de Flavio Josefo, cuya autoridad nadie discute: «En esa época vivió Jesús, un hombre excepcional, porque realizaba cosas prodigiosas. Maestro de gentes que estaban plenamente dispuestas a acoger cordialmente las doctrinas de buena ley, se ganó a muchos entre los judíos, e incluso entre los griegos. Cuando, al ser denunciado por los notables, Pilatos le condenó a la cruz, los que le habían entregado su afecto al principio no dejaron de amarle, porque se les apareció al tercer día vivo otra vez, como lo habían anunciado los antiguos profetas, así como otras mil maravillas en relación con él. Actualmente no ha cesado la descendencia de los que por su causa se llaman cristianos».[46]

Chesterton hizo una brillante defensa de la personalidad histórica y singular de Jesucristo en su famoso libro *El Hombre Eterno* que, por cierto, fue el vehículo para la conversión del escéptico C.S. Lewis, quien se convirtió en soldado voluntario y aguerrido de la causa cristiana.

Lee Strobel se dedicó a la investigación con el ánimo pendenciero de derrumbar al cristianismo, pero sus acuciosas pesquisas lo llevaron a todo lo contrario: aceptar la

---

46. Flavio Josefo, *Antiguedades Judaicas*, 18:63,64

verdad del cristianismo y abrazar la causa como un verdadero radical. Su obra *El caso de Cristo* es ya clásica.

Josh Mc Dowell acumuló abrumadoras pruebas en su *Evidencia que exige un veredicto*, convencido hasta la saciedad de que el cristianismo tiene una base sólida, la cual encuentra todo aquel que lo investiga juiciosamente.

Los casos de enemigos del cristianismo que terminaron aceptando a Jesucristo como Salvador y Señor son abundantes. Uno de los más notables es el de Lewis Wallace, autor de la popular novela *Ben Hur*, quien fuera ateo durante largos años de su vida y tuvo contacto con el líder más prominente del ateísmo americano de su tiempo, Robert Ingersoll.

Cuando Wallace terminaba su período como gobernador de Arizona, Ingersoll lo estimuló a demostrar que las enseñanzas bíblicas eran simples mitos. Durante largos años, Wallace se dedicó de tiempo completo a esa tarea y, cuando había reunido el material suficiente para escribir un libro sobre el tema, llegó a una conclusión bien diferente. Él mismo lo confiesa: «Los hechos históricos referentes a la vida de Cristo no podían ser negados, los datos que había recogido confirmaban la verdad de Cristo y del cristianismo. Sentí entonces que estaba pisando terreno falso. Había comenzado a escribir para demostrar que Jesús nunca existió, pero los hechos me obligaban a confesar aquello que deseaba negar... Una noche que ha quedado como inolvidable en mi vida, vencido por la luz divina, caí de rodillas por primera vez y pedí a Dios que se revelase a mi corazón, que perdonase mis pecados y que me ayudara a servirle durante el resto de mis días sobre la tierra».[47]

El relato de Wallace es realmente conmovedor. Cuando entró al cuarto de su esposa y le comentó lo sucedido, el rostro de ella se bañó de una alegría luminosa; y, como suele ocurrir en muchos casos de la vida cotidiana, él se enteró de lo que nunca hubiera sospechado: en silencio, día a día, su mujer oraba para que Dios hiciera algo por su marido.

«Lew, me dijo, desde el día en que me comunicaste tu intención de escribir ese libro, empecé a pedir a Dios que te revelara la verdad. Nos arrodillamos al lado del lecho esa mañana y oramos dándole gracias a Dios por haber respondido a sus plegarias».[48]

Hoy reposan en el basurero de las excentricidades, en turno para ser incinerados, los audaces trabajos de muchos esforzados anticristianos: La elaborada descripción de H. S. Reimarus de «un judío fanático que no pudo establecer su reino milenial, cuyo cadáver robaron a hurtadillas los discípulos para inventar el cuento de la resurrección». El «Jesús liberal» de Harnack y otros pensadores del siglo XIX. La idea de Willheim Wendey de que los evangelios eran solo «fantasmagorías teológicas». Jesús en calidad de rabino judío ortodoxo del siglo I cuya interpretación de la Ley fue incomprendida, según Harvey Falk. Jesús como un simple nombre codificado, o

---

47. *Ilustraciones*, Casa Bautista de Los Ángeles, California EUA, 1996.
48. Ibidem.

«elaborado criptograma» de miembros de un antiguo culto de fertilidad, que propuso J. Allegro. Estas, y tantas fábulas más, solo hacen menear cabezas y sonreír labios.

Todavía, de vez en cuando, desde el Manicomio de Charenton de la Aldea Global, se hacen intentos anticristianos: *El Evangelio de Judas* un documento gnóstico elaborado más de trescientos años después de Jesús; «La tumba de Jesucristo», un documental lleno de datos inconsistentes, contradictorios y acomodaticios; *El Código Da Vinci*, una trama de tele-novela barata ya suficientemente diseccionada por la crítica seria.

La historia, la arqueología, la lingüística, la antropología, la astronomía, la teología, la sana crítica, la evidencia, el simple sentido común y, sobre todo, la revelación, mantienen firmes sus muros de protección alrededor de la persona y el mensaje del Dios-Hombre y nos ofrecen valiosas claves en nuestro esfuerzo por descifrar «El Código Jesús» que, en realidad, no necesita ser descifrado porque se presenta completo, resuelto y explicado por Sí Mismo a todo aquel que quiera aceptarlo.

La pregunta que le hago a Dios: ¿Quién soy yo para Jesús?, se responde automáticamente cuando yo sé contestar la pregunta que Dios me hace: ¿Quién es Jesús para ti?

Clave 24

Ordenador de claves

> Todo preguntar es un buscar.
> —Heidegger

«Jesús hizo también muchas otras cosas, tantas que, si se escribiera cada una de ellas, pienso que ni en el mundo entero cabrían los libros que se escribieran». (Juan 21:25)

El tema de este libro no está agotado, pero el autor sí. Jesús es un tema inagotable y, cuando uno pretende profundizarlo, se da cuenta de que apenas logra arañarlo superficialmente. Suspenderé ahora mismo la tarea que me impuse de transmutar en libro un sencillo sermón dominical. He hecho lo mejor que he podido, pero no me declaro satisfecho. Nunca lo haría.

Sin embargo, al quedar en el aire tantas claves de *El Código Jesús* sin analizar en estas páginas, he decidido concluir con un breve archivo, a modo de diccionario, en estricto orden alfabético, de algunas de tales claves, con su respaldo escritural, como un fichero auxiliar para buscadores sagaces. Espero que sea útil.

ABOGADO. (1 Juan 2:1) Intercesor o representante legal. Él toma la vocería del pecador ante el tribunal divino y lo defiende del fiscal o acusador, que es Satanás.

AMADO. (Efesios 1:6) La palabra *ágape* originalmente significa «amor». En el ágape divino, el Padre es el Amante y el Espíritu Santo es el Amor. En medio de ellos, el Hijo es el Amado.

ADMIRABLE. (Isaías 9:6) Este adjetivo sustantivado describe a Alguien digno de una admiración sin límites. Ligado a Consejero, implica un Asesor que nunca se equivoca en sus juicios y opiniones.

AMÉN. (Apocalipsis 3:14) Más que «así sea», que es la traducción usual, Amén significa «así es». Acompañado del artículo 'el', toma una fuerza inusitada: el Amén, es decir, «El así es».

AGUA VIVA. (Juan 4:10) Jesús tiene sed física, la samaritana padece sed espiritual. Jesús se ofrece a Sí Mismo como la fuente del agua que calmará la sed de esa mujer.

ALFA Y OMEGA. (Apocalipsis 22:13) Alfa y Omega son la primera y la última letra del alfabeto griego. En español se diría: Yo soy la A y la Zeta. Jesús es principio y fin de todas las cosas.

EMMANUEL. (Mateo 1:23) Mateo trascribe el texto profético de Isaías 7:14. Emmanuel se transformó en nombre propio, pero es una expresión que significa: «Dios con nosotros».

JUEZ. (Juan 5:22) Los juicios sobre los pecadores, las naciones gentiles, el pueblo de Israel, los creyentes, el mundo, Satanás y los ángeles caídos, el juicio de Dios en su integridad, ha sido delegado en el Hijo,

LEÓN. (Apocalipsis 5:5) «Mi hijo Judá es como un cachorro de león», había profetizado Jacob en Egipto (Génesis 49:9ª). Un descendiente suyo, Jesús de Nazaret, es identificado como «el león de la tribu de Judá ... que ha vencido».

MAESTRO. (Mateo 8:19) La palabra hebrea *rabí* es muy selecta: se refiere a maestros en el arte de enseñar la Palabra de Dios y mostrar su poder en acción. Jesús es llamado reiteradamente *rabí*.

MEDIADOR. (1 Timoteo 2:5) En su doble naturaleza divina-humana, Jesús-Cristo es puente de dos vías entre Dios y los hombres: como hombre ante Dios, como Dios ante los hombres.

PROFETA. (Mateo 21:11) Para los judíos la calidad de profeta era especial. Muchos de ellos pensaban que Jesús era el profeta Elías, cuyo regreso esperaban. Jesús es el profeta y la profecía al mismo tiempo.

PRÍNCIPE DE PAZ. (Isaías 9:6) Esta profecía sobre Jesús se cumplió al pie de la letra. Hubo paz por su nacimiento (Lucas 2:14), paz por su muerte ((Isaías 53:5) y paz por su resurrección (Juan 20:21).

PIEDRA ANGULAR. (Efesios 2:20) En las construcciones antiguas, la piedra del ángulo era la pieza clave del edificio, sin la cual toda la estructura podía irse a tierra.

ROCA (1 Corintios 10:4) Hay varias porciones bíblicas que hablan de la roca, fundamento firme. San Pablo aclara que los israelitas en el desierto realmente bebieron agua de una roca espiritual que era Cristo mismo.

SUMO SACERDOTE. (Hebreos 6:20) El sumo sacerdote es la máxima autoridad espiritual, el encargado de establecer el contacto con Dios. Los creyentes somos todos sacerdotes, pero Jesucristo es el Sumo Sacerdote.

TESTIGO. (Apocalipsis 1:5) El propio Jesucristo se autocalifica en Apocalipsis como el testigo fiel. Cuando Él ofrece un testimonio, no hay posibilidad alguna de refutación.

VARÓN DE DOLORES. (Isaías 53:3) Se refiere esta profecía a la entereza de carácter con la que Jesucristo padeció los horribles vejámenes que se le infligieron, pero, sobre todo, a su varonía moral.

Es imposible codificar un diccionario completo de todas las expresiones que se utilizan en la Biblia con referencia a Jesucristo. Su plenitud lo abarca todo: lo real, lo posible, lo imaginable, lo impredecible, lo natural, lo espiritual, lo transitorio y lo eterno. Él es el Gran Quién Sabe. Ahora lo vemos a través del espejo empañado de nuestra humana transitoriedad.

No se pueden cambiar las bases de lo que es invariable en su esencia; pero es imposible no innovar sobre lo que se enriquece a sí mismo a cada instante, en un misterioso actualismo. Cada libro sobre Jesús es una innovación de la repetición, un repetir del renovar, un ejercicio similar a eso que los músicos clásicos llaman «variaciones alrededor de un tema», cuya equivalencia en el jazz es la improvisación. En ambos casos, el *leivmotiv* mantiene la unidad en medio de una constante sucesión de cambios.

Algunos aspectos de este libro han sido tratados por mí en presentaciones públicas, videos y otros recursos de divulgación desde hace veinte años y coinciden en algunos casos con los de varios, comentaristas, aunque son discutidos por otros, porque el diálogo sobre el Personaje Eterno de estas páginas es interminable. Hace veinte siglos, apenas se empezaba a escribir sobre Jesús, y ya se advertía: «Queridos hermanos, ahora somos hijos de Dios, pero todavía no se ha manifestado lo que habremos de ser. Sabemos, sin embargo, que cuando Cristo venga seremos semejantes a él, porque lo veremos tal como él es». (1 Juan 3:2)

El Código Jesús solo se descifrará totalmente cuando Él nos permita verlo cara a cara. Entonces —y nunca antes— nuestro enigma personal será resuelto para siempre.

Nos agradaría recibir noticias suyas.
Por favor, envíe sus comentarios sobre este libro
a la dirección que aparece a continuación.
Muchas gracias.

Vida@zondervan.com
www.editorialvida.com

www.ingramcontent.com/pod-product-compliance
Lightning Source LLC
LaVergne TN
LVHW031629070426
835507LV00024B/3395